聖嚴法師

絕妙說法

法華經講要

自序

當我編撰《印度的佛教》時就已知道，初期的大乘經典之中，《般若經》的性空思想，與被貶為小乘的《阿含經》緣起論，是很相應的。《華嚴經》與《維摩經》，本質上是站在排斥小乘的立場。《法華經》則起而做綜合性的調停，誘導大小三乘，歸入唯一佛乘，處處指出，二乘三乘是權非實，唯一佛乘才是究竟。將二乘置於階段性的地位，承認其有進入化城的價值，鼓勵其當更上一層樓，捨二乘三乘而直達一乘。

這種大開大合的思想模式，深受中國文化的歡迎，《法華經》也就成了在中國佛教徒之間，流傳普遍的一部重要經典。故當我講《維摩經》的同時，也計畫講《法華經》。《維摩經》六講，是採用依題目性質而摘錄相關的經文經句，加以解釋。《法華經》則依全經原文的次第，照著經義的內容宗旨，節要而連貫的講述。

這本講要，雖未能依原典逐字逐句解釋，還是循著原典的次第，介紹原典的內容，脈絡分明，一目瞭然《法華經》每一品的心要何在？經義的所指為何？每品內容於全經中的位置何在？於整個佛法的修證次第中扮演著何等重要的角色？

這一本講要的任務，不是做研究的考證和與其他經典思想的對比，因為這類工作已有許多先進學者們做過了。不過我也沒有忽略先賢古德們對於本經的疏解，但是除了若干經文需要借助古釋來認知而酌情引用之外，並不希望全照著古釋來理解經義，何況各家的古釋之間，也有不少輕重出入之處。所以根據素樸的原典經文，參考梵文日譯及諸本異譯，掌握其初期大乘佛教的時代思潮原則，接合中國佛教的種種特色，就可看出《法華經》對中國大乘佛教的影響，是相當普遍和深遠的。

本講要除了以現代人通用的語文，將經典原文略予譯介之外，更重要的是將經義內涵如何引用到現實生活中來。通過依經解經的原則還嫌含糊，應該探及佛陀的本懷，以本經理解本經，之後才會發現，本經對我們現實世界的今日社會，到底有多少用處。比如說，中國佛教的禪宗，相信眾生皆有佛性，眾所周知是基於《涅槃經》，其實在《法華經》中也可得到依據。又如歷劫成佛與立地成佛，看來有矛盾，可是就在《法華經》中並弘並傳。又如彌陀淨土與彌勒淨土，在中國佛教史上似乎各有弘傳的大師，卻在《法華經》中，先後出現；限制女性及讚揚女性，也並行不悖。人間淨土的思想、逆行菩薩的信仰，一切眾生的種種狀況，都有可能是諸佛菩薩化現說法的範例，其實都能在《法華經》中讀到。尤其《法華經》善用譬喻、巧說故事、經文流暢，除了專門的佛學名相，乃是優美的文學作品，有散文有詩偈，讀來一點也不枯燥。凡此種種，都是現實生活中非常有用且實用的佛法。

我不會牽強附會，以私意理解經義，故凡遇到名相的詮釋及義理的疏解，必會參考引用經論，非不得已，盡量不用與本經性質不同的資料，就是用了，目的也是提供參考，不敢以為那就是定論。

本講要的原貌是於一九九二年春，編成一小冊講綱，接著於該年的七月八、九、十日，在農禪寺講了最初七品。一九九三年一月八、九、十日，講八至十三品；同年七月八、九、十日，講十四至十六品。一九九四年一月八、九、十日，講十七至二十一品；同年七月七、八、九日，講最後的七品。共分五次講了十五場。

到了一九九七年，有幾位在家弟子，將我講出時的錄音帶整理成為文字。一九九八年又經一位余如雯居士潤飾成稿，讓我帶在身邊，閱讀之後，覺得講出時的資料太少，閒話太多。到了一九九九年十月二十五日至十一月二十七日之間，我在紐約上州的象岡道場，親筆重寫一遍。經過鄭建華居士等的謄清，盧嘉雯居士的電腦打字，再經一次修正，總算於十二月二十日定稿。

由於年高七十，加上衰病和忙碌，除了希望弘揚《法華經》，沒有想到毀譽問題，讀者們如果因此獲得利益，請感恩三寶，如果覺得不滿意，罪過由我承擔，並請不吝指教。

一九九九年十二月二十日於紐約上州象岡道場

目錄

自序……3
緒言……11

上編

迹門

一、序品——海眾雲集，見佛放光……27
二、方便品——唯一佛乘，方便說三……33
三、譬喻品——三界火宅，三車一車……68
四、信解品——長者窮子，佛與佛子……76
五、藥草喻品——三草二木，一雨普潤……84
六、授記品——四大聲聞，授記作佛……95
七、化城喻品——二乘涅槃，如入化城……99
八、五百弟子受記品——羅漢受記，衣裏寶珠……114
九、授學無學人記品——有學無學，同成佛道……127

一〇、法師品——五種法師，供養說法……130
一一、見寶塔品——寶塔涌現，證明說法……151
一二、提婆達多品——惡人畜女，皆成正覺……163
一三、勸持品——尼眾受記，佛後弘經……177
一四、安樂行品——身口意誓，四安樂行……183

下編 本門

一五、從地涌出品——本門所化，無量無邊……211
一六、如來壽量品——佛壽無量，永不入滅……229
一七、分別功德品——清淨果德，弘經威力……248
一八、隨喜功德品——聞經隨喜，為他人說……264
一九、法師功德品——五品法師，六根清淨……270
二〇、常不輕菩薩品——當禮四眾，說法華經……283

二一、如來神力品——十方世界，如一佛土……………292
二二、囑累品——摩頂付囑，宣法報恩……………305
二三、藥王菩薩本事品——燒身供養，報聽經恩……………313
二四、妙音菩薩品——四十種身，說法利生……………325
二五、觀世音菩薩普門品——三十三身，尋聲救苦……………333
二六、陀羅尼品——諸陀羅尼，護持法師……………343
二七、妙莊嚴王本事品——修法華經，當得作佛……………348
二八、普賢菩薩勸發品——後五百歲，乘象來護……………359

緒言

當代講《法華經》的人不多，因為太長——二十八品共八萬多字，但歷史上講《法華經》的人則很普遍。我這一次是從經中摘錄出重點，編成《法華經講要》，以提綱挈領地介紹本經。因為若依照一般傳統的講經方式，聽眾聽完之後，可能仍然印象模糊，還是不清楚《法華經》整體的內容，如果以綱要的方式來說明，應該會更容易受用，更能掌握《法華經》的要義。

本書是以非常扼要地介紹《法華經》，幫助大家在聽完每一品之後，就有一個整體印象，能知道重要內容是什麼，不會有遺漏。

講要中的上編，實際上就是《法華經》裡的「迹門」，下編則是「本門」。上編又分為緒言及《妙法蓮華經》內容講要兩大部分。

首先講緒言，分成本經譯本、名稱、註釋、地位、組織等五個段落。

一、本經的譯本

由梵文翻譯成漢文的《法華經》，一共有六種，但是只有三種流傳至今。

《法華經》是現存少數尚有梵文原典可考的佛經之一，因為此經原典的梵文非常優美，當我在日本留學的時候，老師就是以《法華經》為梵文的教材，用《法華經》來讓學生學梵文，也可以說，是用梵文來介紹《法華經》；譯成中文之後，文學價值仍舊很高，所以有許多人，例如胡適之，就把《法華經》視為一部文學作品。在臺灣，多數人都知道《法華經》，平時我們持誦的〈普門品〉就是本經中一品。現在我們來看看有哪六種譯本。

（一）三國孫吳五鳳二年（西元二五五年），支疆梁接譯出《法華三昧經》六卷，佚失。

（二）西晉武帝泰始元年（西元二六五年），竺法護譯出《薩曇芬陀利經》六卷，佚失。

（三）西晉武帝太康七年（西元二八六年），竺法護譯出《正法華經》十卷，現存。這是竺法護的第二次翻譯，現在收藏於《大正藏》第九冊。

（四）東晉成帝咸康元年（西元三三五年），支道根譯出《方等法華經》五卷，佚失。

（五）姚秦弘始八年（西元四〇六年），鳩摩羅什譯出《妙法蓮華經》七卷，現存。這是我們此處所根據的講本，也是收於《大正藏》第九冊。

（六）隋文帝仁壽元年（西元六〇一年），闍那崛多與達摩笈多兩人共同譯出《添品妙法蓮華經》七卷，現存。也是收於《大正藏》第九冊。

至於《法華經》的梵文本，近世從三個不同的地方被發現，因此分別以發現地命名：

（一）尼泊爾本：一位英國駐尼泊爾的公使 B. H. Hodgson 於十八世紀前半發現。

（二）中央亞細亞本：十九世紀末二十世紀初，在西域出土。

（三）克什米爾本：於一九三二年在一座佛塔中被發現。

對這三種梵文原典，一百多年來有許多學者做了研究、翻譯和考證。

二、本經的名稱

《妙法蓮華經》的梵文原名為《薩達磨芬陀利迦蘇坦覽》（*Saddharma-puṇḍarīka sūtra*），薩達磨是指「正法、妙法」；芬陀利迦為「白蓮花」；蘇坦覽則是「經」的意思，所以鳩摩羅什三藏把它翻譯成《妙法蓮華經》。

「妙」，有微妙、奧妙、不可思議、最好、最究竟、最圓滿的意思；妙，也就是正，代表正確、正當、真正。「蓮華」出汙泥而不染，在印度是清淨的象徵，這也就是菩薩的精神——菩薩在娑婆世界、五濁惡世中廣度眾生，卻不受眾生的煩惱所影響，就像蓮華一樣；從另一方面來說，眾生若能經由修學佛法，從煩惱身發現智慧身，那麼這個智慧身也就等於清淨的蓮華。

梵文「蘇坦覽」是指一朵朵花穿成的花串，翻譯成中文就稱為「經」，有「天經地義」的意思，例如四書五經。經，人人都需要，而且是代表最好的，它的價值永遠都不會改變。

這一部經就像蓮花那麼清淨，它宣說著非常微妙正確的佛法，因此叫作《妙法蓮華經》。

三、本經的註釋

本經的地位相當崇高，許多人都曾加以註解。印度和中國佛教史上，有關《妙法蓮華經》的重要註釋如下：

（一）印度：有以下三種

1. 龍樹菩薩（佛滅後第八世紀，相當於西元三世紀）：著《大智度論》闡明《大般若經》。論中多次引用《法華經》，這就等於闡釋了《法華經》。

2. 世親菩薩（佛滅後第九世紀，相當於西元四世紀）：著有《妙法蓮華經憂波提舍》，共兩卷。憂波提舍就是「論」的意思，所以又稱為《法華論》。

3. 堅意菩薩（與世親菩薩同時）：著有《入大乘論》，多處引用《法華經》。

龍樹菩薩建立了印度中觀學派的法義；世親菩薩集印度唯識學派之大成，是唯識宗大師；堅意菩薩的《入大乘論》極力主張大乘是真正的三藏，大乘乃佛說。由此可見，不論是中觀派或是唯識派等的佛學大師都很重視《妙法蓮華經》，在早期印度的大乘佛法中，《法華經》占有相當崇高的地位。

（二）中國

根據明末無盡傳燈大師的《法華新註》序中稱：六朝（在隋唐之前）諸師七十餘家，自漢至唐，有四千餘軸，也就是有四千餘卷的註釋。

宋朝開寶時，整部《大藏經》不過只有五千零四十八卷，而從漢到唐朝，光是《法華經》的註解就有四千多卷，數量相當多。目前《大正藏》收有九家十五種，

《卍續藏經》收有四十七家六十六種。其中最具代表性及影響力的有如下五家：

1.梁朝光宅寺法雲法師：《法華經義記》八卷。

2.隋朝天台宗的大成者智顗（智者大師）：著有「法華三大部」——《法華玄義》、《法華文句》、《摩訶止觀》，共三十卷。

3.隋朝三論宗的大成者嘉祥吉藏：著有《法華義疏》十二卷、《法華玄論》十卷、《法華疏略》六卷、《法華遊意》一卷、《法華論疏》三卷，這些書都可以在《卍續藏經》裡找到。

4.唐朝法相宗的大成者慈恩寺窺基（慈恩大師）：著有《妙法蓮華經玄贊》十卷，他是玄奘大師的大弟子。

5.宋朝戒環法師：著有《法華經解》二十卷。

由上可知天台宗、三論宗、唯識宗的大師們，都有註解《法華經》，但其中又以天台宗智者大師的天台（法華）三大部影響最為廣大深遠。

四、本經的地位

以天台智者大師「五時八教」，判攝《法華經》是五時中的最高層次——第五時。

五時，依照順序為華嚴、阿含、方等、般若、法華及涅槃。天台宗將釋迦牟尼佛說法四十九年分為五個時段，針對對象程度的深淺而分別說出不同的經典，有以人天善法為基礎的佛法，有聲聞、緣覺的二乘法，也有人聽的是三乘法；其中最初的三七日說《華嚴經》，以及最後的八年說《法華經》都很重要，末了一日一夜說《涅槃經》也為法華第五時所收，名為「唯一乘法」。

天台宗以日出時先照高山，比喻《華嚴經》是教化根器大的人；黃昏太陽將下山時，山谷漸趨黑暗，平地已看不到太陽，只有在高山還能見到日光，則是比喻以《法華經》、《涅槃經》收攝根器最深的人。

八教，有化儀四教、化法四教。

化儀四教，是以佛陀教化的形式而分，係指：頓、漸、祕密、不定。

化法四教，是以佛陀教化的內容而分，係指：藏、通、別、圓。藏教指《阿含經》；通教指《般若經》；別教是方等部經典；圓教則是成佛後所說的《華嚴經》，以及涅槃前所說的《法華經》，這是大乘佛教中的兩部大經典。

圓又代表圓滿、究竟的意思，《華嚴經》是兼圓，只說大乘。《法華經》則是純圓（純粹的圓），有所謂的「純圓獨妙」，因為《法華經》包含了所有佛說的道理，攝受大小根器的眾生都回歸大乘，回歸到最高法門，就像大海納百川一樣，開權教顯圓實，大開大合，這就是會三乘歸一乘的「會三歸一」。由於《法華經》闡揚一味一雨的最上佛法，故又稱為經中之王。

會三歸一，是整部《法華經》的宗旨。佛法分為五乘：人、天、聲聞、緣覺、菩薩。僅持五戒、十善，是人天乘法；聲聞、緣覺屬於小乘；菩薩則是大乘。站在菩薩的立場，來看聲聞、緣覺，合起來稱為三乘。

到了講《法華經》的時候，引導一切根機的眾生都進入最高佛法的大海，通通會集到大乘最高的佛法，全都收歸於唯一的佛乘，所以說是「會三歸一」。

現代的我們應該如何來判斷此經呢？我們可以說《法華經》是大乘經典裡的根本教典。印度流行大乘佛法時，《法華經》很早便開始流傳，而且傳播的地域很廣，時間很長，它的內容能適應許多不同的環境與時代，可見得《法華經》與這個世界的眾生緣分很深。

五、本經的組織

一般講經法師都把經典分成三個部分：序分、正宗分、流通分。本經共計二十八品，第一品為序分，第二品至第十七品的前半為正宗分，第十七品的後半至第二十八品為流通分。

「序分」也可以稱為序論，就是說明這部經典的起源，介紹佛陀當時說法的因緣、在場的聽眾以及請問佛法的人。「正宗分」也可以叫作本論，是經中最重要的義理，闡述這部經的宗旨及主要內容。「流通分」亦可名為餘論，是說明宣傳和受持此經的功德以及必要性，叮嚀並鼓勵接觸到此經的大眾應將之流傳下去，並且要不斷地弘揚此經。

此外，又可以將《法華經》分成「迹門」及「本門」兩大部分。〈序品〉第一至〈安樂行品〉第十四為迹門，〈從地涌出品〉第十五至〈普賢菩薩勸發品〉第二十八為本門。迹門，是佛的一種福德化現，並不是實際的佛，也不是宣說真實的佛法。因為眾生有不同的根器，所以假藉某些話、某些現象，用種種方便權巧施設，來表現佛法。就像人在沙灘上走過之後留下的腳印、足跡，讓人見到的只是由腳留下來的痕跡，不是真正的腳。

迹，又叫作「權」，是方便的意思，也就是姑且這樣做、這樣說、這樣子表達。比如說我肚子很痛很痛，但是到底痛到什麼程度，怎麼個痛法，我再怎麼描述，外人也無法體會；但我若不說，就沒有人會知道我肚子痛。又或者是我告訴諸位我的視力不好，看不清楚，你們再怎麼想像，也不知道究竟是如何地不好；同樣地，我若是不說，你們就不知道。這就是迹，也就是權，是為了方便接引初機的人進入法門，才不得已姑且假藉各種語言、現象來說明。

本，是「根本」，就是這個樣子的意思。再用腳印來做比喻——迹是腳印，本則是我們的腳。本的對象是已經成熟的人，迹是把初機者引到成熟的程度。

所以《法華經》的表現法，可以分為兩個層次：前半部，是迹門的層次，說明眾生的根器有大、小乘之分，也說佛有成佛、涅槃的時間。後半部，是本門的層次，說明一切眾生、一切佛法，只有一味，那是真如味；只有一門，那就是佛門；只有一相，那就是實相。而且佛不是到了我們這個地球世界才成佛的，他早在無量無數劫以前就已經成佛了，同時也說佛是久遠的，從來沒有涅槃過，也不會再有涅槃這回事。

迹本兩門又各有序分、正宗分、流通分。就《法華經》的組織來看，迹門的第一品為序分，第二品至第九品為正宗分，第十品至第十四品為流通分。本門的序分為第十五品，正宗分為第十五品至第十七品，流通分則是從十七品至二十八品。在本門來講，第十五品只有一部分是序分，而第十七品只有前半部分是正宗分。

十七品後半部分至二十八品，同時是本門及本經全部的流通分，占的篇幅相當大。可見得在如來滅後，如何弘布傳播本經是非常重要的，所以在二十八品之中，就用了十一品不斷地叮嚀、再叮嚀：「要弘揚！要受持！要讀誦《法華經》！一定要把《法華經》流傳出去啊！」看起來好像很嘮叨，但是有它的道理，這在講下編時就可以知道。

上編

迹門

一、序品——海眾雲集，見佛放光

此品為經文的序分。

聽經的大眾就像海水、像祥雲一般，從四面八方會集而來，並且看到釋迦牟尼佛在說法之前大放光明。

佛在王舍城靈鷲山，「與大比丘眾萬二千人俱，皆是阿羅漢……復有學無學二千人，摩訶波闍波提比丘尼，與眷屬六千人俱……菩薩摩訶薩八萬人，」尚有「釋提桓因，與其眷屬二萬天子俱……自在天子，大自在天子，與其眷屬三萬天子俱，」尚有梵天王及八部神王各與若干百千眷屬。俱來集會，禮佛足已，退坐一面。（編案：「」內粗體文字為引錄本經原文；同段與經文不同字體而不加「」者，為聖嚴法師依經文所做的簡述。以下皆仿此例。）

凡夫說法，所能看到的聽眾都是凡間的人，其他的我們看不到；但是佛說法時，會眾們都能夠看到聖眾、凡夫眾、有形、無形各類層次和等級的聽眾，他們都是從無量劫以來和《法華經》有緣的眾生，在此我們看到有許多的神、天等等，不管是哪一類眾生，都可以說是菩薩的化身。

凡夫的肉眼無法看到經中描述的眾生，因為他們是天、神、菩薩與佛，所以從現代人的眼光來看，這就如同神話一般。不過，一般的神話是世人編出來的故事，在佛經裡的神話則是宗教信仰。既然信仰佛法，就應該相信佛經裡講的諸神、羅漢、菩薩確確實實都出現在法會之中。

「與大比丘眾萬二千人俱」，不用懷疑，不要以為靈鷲山的山頭很小，不可能容納得下這麼多人，但是經典既然這麼說，我們就這麼相信。這些比丘皆是有神通的大阿羅漢，因為如此，所以不論空間大小，什麼地方都可以存在。靈鷲山梵名耆闍崛山，位於當時印度摩揭陀國的王舍城外，諸位若想知道靈鷲山現在的模樣，可以看看我的《佛國之旅》那本書。

「復有學無學二千人」，有學（śaikṣa）是聲聞中的初果、二果、三果，因為是聲聞之中尚有煩惱未斷的聖者，所以還需要學習。初果斷見惑，二果斷欲界的思惑之六品，三果斷欲界全部思惑，後生於色界五淨居天。

無學（aśaikṣa）就是所作已辦，不受後有的阿羅漢，已經全斷三界的見思二惑，已得解脫，沒有什麼需要再學習、再斷的了。

「摩訶波闍波提比丘尼，與眷屬六千人俱」，比丘尼中有阿羅漢，也有有學、無學。男性出家受具足戒，名為比丘；女性出家受具足戒，名比丘尼。上首為長老者，是佛的姨母摩訶波闍波提比丘尼。

「菩薩摩訶薩八萬人」，菩薩（bodhisattva）有不同的位階，例如初發心的凡夫菩薩、三賢位的地前菩薩、登地的聖人菩薩，八地乃至十地的大菩薩。初發心凡夫菩薩只能稱為菩薩，初地以上的聖人菩薩才可以稱為菩薩摩訶薩。

菩薩是「菩提薩埵」的簡稱，意思是「覺有情」。「有情」就是眾生，「覺」有道、菩提的意思，有道心的眾生就是菩薩、菩提薩埵。摩訶薩（mahāsattva）意為「大有情（眾生）」，乃是菩薩有別於小乘聖者的通稱。因此「菩薩摩訶薩」就是偉大的有道心的眾生，或偉大的覺有情，梵文原文為 bodhisattva mahāsattva，所以也可以翻成「菩提薩埵摩訶薩埵」。

「釋提桓因，與其眷屬二萬天子俱……自在天子、大自在天子，與其眷屬三萬天子俱」，除大自在天為色界天，其他都屬於欲界天。欲界有六天：四天王天、忉利天（帝釋天）、夜摩天、兜率天、化自在天（化樂天）、他化自在天。釋提桓因亦名帝釋天，是欲界第二層忉利天的天主，他護持、弘揚佛法不遺餘力，在佛經裡是相當重要的天神。

「梵天王及八部神王各與若干百千眷屬」，住於色界初禪天的梵天王（Brahmā）在佛經中也非常重要，他自認為是生一切眾生之天父，統領世界。梵天王也護持佛法、請示佛法。

八部神王即天龍八部，是天主的扈從，是莊嚴道場、護持佛法的護法神，因為有八類所以叫作「八部」，其中有些是天王、天子、天女的僕從，也有的是演奏天樂的音樂神。這時，每一類菩薩眾生都與許多的眷屬，群相圍繞著，來到靈鷲山供養如來，聽釋迦如來宣說《法華經》。

佛先為諸菩薩說大乘《無量義經》已，結跏趺坐，入無量義處三昧。放眉間白毫相光，照東方萬八千世界，見彼土六趣眾生，及見彼土現在諸佛，及聞諸佛所說經法。

依據世親菩薩的《法華論》說，《法華經》共有十七種異名，其中三種名為「無量義」、「教菩薩法」、「佛所護念」。此處是說，釋迦牟尼佛已經先說了《無量義經》，說完後結跏趺坐入定，名為無量義處三昧。入定時佛於眉間現白毫相，放白毫光，此光照耀東方一萬八千個佛國世界，每一個佛土中的六道眾生他都看得清清楚楚，並且見到每一個佛土世界的教化主都在說法，也聽到他們所說的是什麼經。

彌勒菩薩欲自決疑，並觀眾會之心，而問文殊師利，以何因緣而有此瑞？文殊師利語彌勒菩薩及諸大士：「**如我惟忖，今佛世尊，欲說大法，雨大法雨，吹大法螺，擊大法鼓，演大法義。諸善男子！我於過去諸佛，曾見此瑞，放斯光已，即說大法。**」過去無量劫前，有次第二萬佛，同名日月燈明，最後一佛，為「**妙光菩薩說大乘經，名妙法蓮華、教菩薩法、佛所護念。**」彼時妙光即現在文殊，彌勒則為當時妙光弟子，名為求名。因此文殊知道：「**今日如來，當說大乘經，名妙法蓮華。**」

彌勒菩薩不知道佛放光的原因，同時觀察到其他會眾心裡也有這樣的疑問，因此他便請示文殊師利菩薩。文殊師利菩薩隨即告訴彌勒菩薩及大會的聽眾們：「我在過去日月燈明佛處，也曾見過這種祥瑞放光的情形，這時就是如來要說大法：雨大法雨、吹大法螺、擊大法鼓、演大法義的前兆。」

在過去無量劫以前，次第有兩萬尊佛，都叫作日月燈明，最後一位日月燈明佛有弟子名妙光菩薩，佛為他說《妙法蓮華．教菩薩法．佛所護念》的這部大乘經。這是《法華經》的全名，經中有多處都是以這三句話連在一起稱呼《法華經》。就像六方佛讚歎《阿彌陀經》為「一切諸佛所護念經」一樣，這部《妙法蓮華經》也是「佛所護念」。

當時的妙光就是現在的文殊菩薩，彌勒菩薩則是妙光的弟子求名。希望藉此因緣請示文殊菩薩，說明原因，告知會眾佛將要說《法華經》的大法了。

二、方便品——唯一佛乘，方便說三

自此品至第九品為迹門的正宗分。

〈方便品〉具有畫龍點睛的效果，《法華經》的根本及重要的道理都在其中。方便，就是前面說過的「迹」、「權」，因為所要說的佛法，可分作方便說及如實說，對未熟者做方便說，對根熟者做如實說。這一品很長，經過濃縮後，篇幅雖然減短，但其主要的內容都已包括在內。現在開始逐段解釋。

「爾時世尊，從三昧安詳而起，告舍利弗：諸佛智慧，甚深無量，其智慧門，難解難入，一切聲聞、辟支佛所不能知。」

在這一品裡，舍利弗再三請法，他是佛陀十大弟子中智慧第一的大阿羅漢。不要以為阿羅漢都是小乘，像舍利弗就是大乘阿羅漢，許多大乘經也是由於他的請法而說，他當然是大乘菩薩。由於他的請法，所以佛從無量義處三昧起，告訴舍利弗：諸佛的智慧非常深奧，無法以世間的語言去衡量、說明、想像，他的智慧門是對眾生開的，門門都能進入佛陀本懷。但是門開在哪裡？愚癡的眾生不知道如何開門，當然更進不去，就是一切二乘聖者，聲聞與辟支佛，也是難解難入，不能徹底明白。

聲聞（śrāvaka）是由聞佛教誨，依四諦理，經過短則三生，長則六十劫之修行，證阿羅漢之聖者。

辟支佛（pratyeka-buddha）意譯為緣覺或獨覺，無師獨悟，觀十二因緣而悟無常得解脫的聖者。

「吾從成佛已來，種種因緣，種種譬喻，廣演言教，無數方便，引導眾生，令離諸著。」

世尊從成佛到現在，用種種因緣、譬喻廣為宣說，同時也用種種方便引導眾生，目的就是要使一切眾生遠離執著。

這裡所要遠「離」的執「著」，包括人我執與法我執。凡夫的執著是人我執，就是煩惱，也就是以身之地、水、火、風四大及心之貪、瞋、邪見等三毒為自我。小乘的執著不是五蘊的煩惱身心為我，是執解脫法的所證境界為我；聲聞、辟支佛以法為我，以他們所證的法義、法味及法的層次為究竟，這還是一種執著。

因緣梵語尼陀那（nidāna），為十二分經之一，《大智度論》卷三十三云：「尼陀那者說諸佛法本起因緣，佛何因緣說此事？」佛經均有通序及別序，尼陀那為別序，即是說法之緣由序，名為因緣。

所謂十二分經，亦稱十二部經，即是印度佛經的文體及性質，可分成十二類，因緣及譬喻之外，尚有契經、重頌、諷誦、本事、本生、未曾有、論議、無問自說、方廣、授記。

譬喻（avadāna）是以已知之法，顯未知之法，即是托此以況彼，寄淺以訓深。佛說法善用譬喻，深入淺出，以平常事物襯托深奧的法義。以《涅槃經》卷二十九的八喻最為著稱：順喻、逆喻、現喻、非喻、先喻、後喻、先後喻、遍喻。

《法華經》亦善用譬喻，其中的三界火宅喻、化城喻、長者窮子喻、草木一雨喻、衣內明珠喻、髻中寶珠喻、良醫救子喻等，均極有名而被千古傳誦，名為「法華七喻」。

「舍利弗，取要言之，無量無邊未曾有法，佛悉成就。」

此段經文是說：概略而言，無量數的一切未曾有法，佛是全部成就了的。未曾有法（adbhūta-dharma）是十二部經之一，經中記載佛及菩薩所現種種不可思議之事。在此處實際上就是指《法華經》。「未曾有」的意思是稀有難得的，從來沒有發生過的，對於當前的聽法眾而言，是永世以來，從未領略過的，以後也不可能再有比這個更好的了。

「止！舍利弗，不須復說，所以者何？佛所成就第一希有難解之法，唯佛與佛，乃能究盡諸法實相。」

這是佛告訴舍利弗，不要再說了！因為佛所成就的佛法，難得稀有，是不容易懂的。只有諸佛與諸佛之間才能彼此究竟，全部知道諸法實相，其他的人，即使是大阿羅漢也無法知道佛的智慧。

不要以為究盡的「盡」字錯了，它的用法在這裡比較特別，意思是徹底的、全部的、圓滿的。因為諸法實相，唯有佛的一切種智，始能徹底明瞭。

所謂「實相」，是一切法同具的真實性之特相，梵文 dharmatā 是法性，dharma-srabhāra 是法之本質。在鳩摩羅什三藏所譯聖典中，實相一詞，是與如、法性、實際、空、中道、法身、般若波羅蜜、涅槃等異名同義詞，而互用於不同的場合。

此處是表達《法華經》的經義，乃為第一稀有的難解之法，僅有已成正覺的諸佛，才能徹底了達。因此釋迦世尊命令智慧第一的羅漢弟子舍利弗尊者：「不用再說什麼了。」既然不是一般凡夫二乘所能聽懂和接受的，說了反而不好。若是妄想以管窺天，以蠡測海，以小量大，難免不起偏執而誤解；或者那些得少為足的增上慢人，聽了即生驚疑，而不信此法華經義。

「所謂諸法，如是相、如是性、如是體、如是力、如是作、如是因、如是緣、如是果、如是報、如是本末究竟等。」

「諸法」究竟是什麼？

「法」的梵文達磨（dharma），其用義的範圍極廣，可以分作三大類：

（一）保持自性，永不改變，令生物解：1.佛所說的教示（deśanā）；2.聚集教示的聖典（pariyatti）。

（二）不與煩惱及雜染相隨伴的善行（guṇa）。

（三）任持各自的自性：1.指萬物為諸法；2.意識所緣之境為法處、法境；3.因明命題的「宗」之賓部，為差別、能別之對「有法」；4.或為理或為物之自相、體、道等，均名為法。

總之，法字在佛教聖典中，通於一切用語，不論大小，不拘有形無形，不簡真實或虛妄，凡是事物其物或道理其物，皆名為法；法是兼攝有體及無體的一個總名稱。

佛法中所講的「法」是包含一切有無現象的，它的範圍深廣，涵蓋六凡四聖的十法界。六凡是天、人、阿修羅、畜生、餓鬼、地獄；四聖是佛、菩薩、緣覺、聲聞。其中唯有人身處於人間，最適合修行，因此佛法雖然包括一切法界，仍以人的根身器界為主，以人的身、口、意三業為重。

此段經文所舉的十種如是，乃為《法華經》對於「諸法」的深入分析說明，其實一切諸法的每一法，無一不備十如是，而唯有佛能夠通達每一法的十種如是。

「如是」梵文翳鑁（evaṁ），在佛教聖典中有五種用法：1.在每一部佛經開頭多會有「如是我聞」一語，以表證信。2.表示所說之法，義理正確，如云「如是如是」。3.表示能信之心印信順受，亦云「如是如是」。4.印可之用辭亦謂「如是」。5.《法華經》的十如是，則為表示每一法的全體大用，含有十項。

如是，一定屬於親自的體驗實證，一定是在明確地理解其實情實況的狀態下所做判斷與認可。例如我在喝水，我說：「這杯水是暖的。」如果有人不信，我可以把杯子遞給他，讓他親自喝一口，他一定會毫不猶豫地說：「就是這樣子地暖啊！」如果還有人懷疑，就也讓他喝一口，他也會說：「真是暖的。」至於暖到什麼程度，只有喝到了這杯水的人才能真正體會到。因此，「如是」一定就是如此這般的事實，這是大家都明白的例子，稱為「如人飲水，冷暖自知」，是很主觀的。如果是每一個人都可能親自體驗到的，便可以成為超越於主客觀的事實，那就是諸法的實相，總名共有十個，名為十如是。

「十如是」在《法華經》裡非常有名。「諸法實相」要用「十如是」來說明。

對凡夫來說，光是某個法的一個如是就弄不太清楚了，何況萬法的法皆有十個如是。看了「十如是」後，會令人驚歎連連，自知不足。不過這「十如是」在《法華經》中，並未申論，而只舉出十個名目。依據天台宗的解釋，此十如是乃攝迷悟、收依止、顯權實於一「如」字。

十如是分別解釋如下：

（一）如是相：乃指諸法之相貌或形相，例如法界中，下自地獄界，上至佛界，如法住法位，外顯種種差別相貌。

（二）如是性：乃指諸法之本性，在內而不改不變者，下自地獄界，上至佛界，如法各具十法界之性分，終始無變。

（三）如是體：乃指諸法相性所依之心法及色法，即是體質，下自地獄界，上至佛界，如法各具十法界自體的身心。

（四）如是力：乃指諸法之體所具的功能，如十法界的眾生，各各法界皆自具備力用功能。

（五）如是作：乃指十法界眾生均有各自的造作，下自地獄界，上至佛界，如法運動，造作諸有無漏業。

（六）如是因：乃指十法界眾生由於各以因中熏習而招善惡業果。

（七）如是緣：乃指緣助業之形成，下自地獄界，上至佛界，各依善惡業之緣助，如法而得苦樂之報。苦樂之性分，名為習因，使之感果者，乃是善惡之業緣。

（八）如是果：乃指習果，即是從習因及緣所成之結果。下自地獄界，上至佛界，習成善因而生善果，習成惡因而生惡果，任何一法，無非各各習成自因而生自果，各如其法。

（九）如是報：乃指酬因之果報，下自地獄界，上至佛界，各各皆如其法，依過去所作善惡之習因及緣，而得現生所受苦樂之果報，復依今生善惡之習因及緣，而得來生苦樂之果報。

（十）如是本末究竟：乃指初以「如是相」為「本」，終以「如是報」為「末」，十法界的各各法界，均以如是相為本為始，亦均以如是報為末為終，都是平等的一如實相，故稱為「究竟」。

十法界的每一法界，乃至每一法界的每一法，都有它的根本和枝末。「末」當然不是究竟，「本」也不一定是究竟，不可只抓住「本」而去掉「末」。也不可以末為本，應當攝末歸本，而本末全收，才是「究竟」的全體大用。這種境界，絕非凡夫二乘所能探其源而盡其妙的。所以世尊一連三度制止舍利弗尊者，不要再問這樣的大法了。

「有諸聲聞、漏盡阿羅漢……等千二百人，及發聲聞、辟支佛心」的四眾弟子，「各作是念：今者，世尊何故慇懃稱歎方便，而作是言：佛所得法，甚深難解，有所言說，意趣難知，一切聲聞、辟支佛，所不能及。」

一些羅漢弟子聽了上面的話之後，都覺得相當難得，所以殷切勤懇地稱歎佛有大方便力，而且還說：「佛所證得的法義法味，難懂難解，實在太深奧了。佛的言說，意趣玄妙難知，那是所有一切聲聞、辟支佛等所比不上的呢！」

因為這一班人之中有一千二百位都已證阿羅漢果，該修已修，該斷已斷，該證的也已經全部都證到了，而且他們自以為所證所斷所修的層次與程度，應該跟佛不相上下，是相等的才對，為何尚有難解難懂的呢？所以產生疑問。

「聲聞」和「辟支佛」有什麼不同？聽到佛法的道理——四聖諦、八正道之後如法修行，速則三生，慢則六十劫，由初、二、三果，最後證得阿羅漢果，超越三界苦海的叫作「聲聞」。「辟支佛」則在無佛之世及無佛法可聞之地，有利根眾生，經由觀察人生現象的十二因緣，世間物質現象的花開花謝，自己覺悟到一切諸法都是無常，即空，進而證入涅槃，得到解脫，因為是自悟自證，所以又叫作「獨覺」，亦名「緣覺」。

下面他們之中又有人問：

「佛說一解脫義，我等亦得此法，到於涅槃，而今不知是義所趣？」

這段意思是說：佛得解脫，阿羅漢也得解脫，解脫之義應該都是相同的，親到涅槃地，即名解脫。如今的世尊，為什麼要說漏盡而住最後身的一切大阿羅漢皆如舍利弗尊者，都不能獲知佛所得法的義趣呢？

這裡的「佛說一解脫義」是指從生死得解脫，不論是佛及佛弟子，凡得解脫，即離生死，故說解脫之義，唯有一種，應該是佛與弟子平等無二的，所以佛得阿羅漢，辟支佛亦同得。

解脫梵文毘木叉（vimokṣa），亦名毘木底（vimukti），乃離繫縛得自在，即是遠三界之煩惱，離生死之繫縛，也就是實證涅槃之義。不過若從大乘佛法的立場而言，二乘聖者所得解脫，乃是實證五蘊非我的層次。大乘所得解脫，則是雖不離五蘊四大的身心世界，亦不被五蘊四大的身心世界所困擾汙染。

二乘的解脫是遠離五蘊身心的繫縛，故於一旦進入無餘涅槃的肉體物化之後，便不欲再來三界五趣受身捨身了，因此而被大乘菩薩譏為「灰身泯智」的焦芽敗種。大乘的解脫是既不貪戀五蘊四大的身心世界，也不厭惡、懼怕五蘊四大的身心世界。

未發大乘菩提心的凡夫眾生，在三界內受身捨身，是由於造業受報的因果流轉，大乘菩薩則以發菩提心的弘誓願力，以眾生為菩薩道的福田，以行菩薩道饒益眾生為成就無上菩提佛果的正因，故能自由自在於生死中來回，這才是第一解脫、最上解脫。

有一個比喻可以說明這種情形：一般人是不能任意進出監獄的，但是有一些法師、居士為了教化的工作，到監獄裡為受刑人說法，也有一些法師到監獄裡主持佛七、禪七，他們不是受刑人，所以可以去，也可以不去；可以在裡面多待一些時間，也可以打完佛七以後馬上離開，甚至不再進去；也可以從這個監獄到那個監獄，進去之後又能自由地出來，不受監獄的繫縛；但是，被關進監獄的受刑人，便不能隨時離開，要等到刑期滿了，或者至少要等獲得假釋時，才可以離開監獄。

以此比喻可知，二乘人的解脫如出離監獄後不願再進監獄，大乘菩薩的解脫，如同擔任教化工作的宗教師，可以自由自在地出入監獄。

涅槃是梵文 nirvāṇa 的音譯，意為寂滅、圓寂、不生不滅、無生滅。小乘的涅槃即是脫離一切煩惱而不再生於迷界，有部論師名為「擇滅」。大乘聖典中的涅槃，則與般若及法身為同義。一般來說，不生不滅有三種：肉身的不生不滅、心念的不生不滅、煩惱的不生不滅。

肉身不可能達到不生不滅，有生必有死，肉身沒有不生不滅的道理，所謂長生久視、羽化登仙、化肉身為虹光等，是信仰的，非事實的。

心念的不生不滅是指不受內外境干擾而有念頭生滅。內境即內在的境界，就是自己的種種思想、妄想；我們的內心思想非常複雜，起起滅滅，想東想西，這是有生滅。外境就是外在的環境，是我們所接觸到的一切現象；外境動，我們的心也跟著動，這也是有生滅。

前念滅後念生、前念滅後念生，念頭經常在生滅不已，一念產生後就不可能不滅，換言之，只要有念頭起就一定有念頭滅。就是入了高深禪定的人，心住一境，似乎已是不生不滅，但其五蘊中的行蘊，仍是因緣遷流於三世的生滅法。依《俱舍論》說，四十六個心所有法，其中四十四個屬行蘊；十四個心不相應行法，包括無想定、無想果、滅盡定等，都屬於行蘊的生滅法。

煩惱的不生不滅，意指小乘聖者至阿羅漢果位，斷除了三界內的見思二惑，稱為涅槃；大乘菩薩則以「生死即涅槃」、「煩惱即菩提」為涅槃。如《金剛經》所說「應無所住而生其心」，也就是雖然外表顯現出心念的用相，但內在卻是不動如鏡，那已是不生煩惱的般若智慧心，是諸佛菩薩的權巧方便，叫作不生不滅，也就是「大涅槃」。

經舍利弗代表大眾三請，佛始允說：「汝已慇懃三請，豈得不說！汝今諦聽，善思念之，吾當為汝分別解說。」

舍利弗代表大眾向釋迦牟尼佛請法三遍之後，佛才答應說：「好吧！你們要用心地聽，要非常平心靜氣地聽，還要好好地想想我講的是什麼，我馬上就要為你們逐項將層層意思一一加以分別說明了。」

經文的「汝」是指舍利弗，因為他是代表法華會上的所有聽眾，向佛請法，所以「汝」字實際上也是「你們」的意思。

「說此語時，會中有比丘、比丘尼、優婆塞、優婆夷五千人等，即從座起，禮佛而退。」

釋迦牟尼佛講完這句話之後，就有會眾之中的比丘、比丘尼、優婆塞、優婆夷五千人等站起身來，禮佛之後，離開了會場。

這五千人畢竟都是有修行的，雖不想聽，還懂禮節，拜了佛才走，並沒有拂袖而去，還不錯！現在的人，如果覺得語不投契，便會拍拍屁股掉頭而走，就不如這五千人了。

「此輩罪根深重及增上慢，未得謂得，未證謂證，有如此失，是以不住。世尊默然，而不制止。」

這些人由於罪根深重及增上慢，所以世尊未加制止，而任由他們離開了靈鷲山的法華勝會。

根的梵文是indriya，有能生及增上之義，亦為根性的利鈍、善惡之義，也有以上、中、下來論人的根機，決定修學的法門。

三十七道品法之中的五根（信、精進、念、定、慧）是指增上善根。此處的「罪根深重」，是指過去世所造的種種重大罪業，可能是曾經毀謗大乘，對大乘佛法做過不利的宣傳，或是犯過其他的如五逆重罪，因此他們的心被這些罪根所障，並有增上慢，尚沒有得到佛的果位，就認自己跟佛所得的解脫功德相同；還沒有證到佛那樣高的層次、那樣深的涅槃境界，就認為自己已證、已究竟解脫道、已得到甚深涅槃、已具有一切種智，所以不能住在究竟一乘的佛法裡。

慢有七種，稱為七慢：慢、過慢、慢過慢、我慢、增上慢、卑慢、邪慢。

有「增上慢」的人不是普通人，也有可能是大修行人。只是本身尚沒有這麼高明，而是自己把自己放大了。某些大修行人的確有所證悟，可是證悟得不夠徹底，修行還不到家，還沒解脫，就認為自己已經大徹大悟，得到解脫了，所以佛說他們「未得謂得，未證謂證」。「得」是果位，「證」是果德。

凡是「增上慢」者，以及罪根深重的人，就不容易接受大乘佛法，他們連釋迦牟尼佛所說的話都懷疑，那還算是已證解脫道的阿羅漢嗎？可見這是他們的罪根深重，所以不容易聽到唯有一佛乘的《法華經》了。

釋迦牟尼佛看到五千人等退席，一句話也沒有說就讓他們走了。佛沒有說：「等一下！我還有道理要告訴你們，現在走了，以後會後悔喔！」如此看來好像佛很不慈悲，其實這是不得已的事，他們既然不願意接受，佛再多說也沒有用。所謂「佛度有緣人」，為什麼佛的話他們聽不進去？就是因為這五千人的善根、福德、因緣不具足，所以沒有辦法接受。佛很清楚這個原因，也就不再勸勉、慰留他們。

並告舍利弗言：「我今此眾，無復枝葉，純有貞實。舍利弗，如是增上慢人，退亦佳矣。」

佛又告訴舍利弗：「現在留下來的聽眾之中，已經沒有小樹枝、小葉片了，全是佛門中非常可靠、實在的大樑大柱之材，不再有根機不夠的人摻雜其中，讓那些增上慢人退出了，也是好事。」

貞是貞操、貞節，非常清爽純潔、純淨，沒有雜染的意思。古時候女子要從一而終，稱為貞節女；或為守節而死，名為貞烈女。男子報效國家，雖亡國亦不做貳臣，稱為忠貞之士，盡忠而亡稱為忠烈。都與從一不二、純一不二有關。此處的「貞實」，是指純粹紮實的龍象群眾。

當這些增上慢人退席之後，佛就可以痛痛快快地說出純圓獨妙的一乘大法了，不用考慮到有誰猶疑不信，或是聽了以後驚惶失措，興起毀謗，從現在起佛就可以稱興而談，如實而說了。

「汝今善聽，當為汝說。」「是法非思量分別之所能解，唯有諸佛乃能知之。」

好好聽著，佛就要為你們說了，說什麼呢？說此一乘法，並非一般人的思量分別所能理解的，唯有諸佛，乃能了知。

前面我們已經說過，「法」是十法界的一切法，包括真實法及虛妄法，也就是「十如是」法，這些都只有如來能夠完全知道。普通凡夫只能看到一些幻象，二乘聖者雖已見到一些真理，也同盲人摸象一般。所以不要說是未能見到海中冰山的全貌，就連冰山之一角都未曾清晰地瞥見。

思量是以意識來思慮度量，是主觀的、我執的，不是超越於主客觀的純智慧。分別梵文 vikalpa，也是以意識於心及心所的所對境，起思量計度的作用，是妄非實。

「所以者何？諸佛世尊，唯以一大事因緣故，出現於世。」

「為什麼呢？所有的諸佛就是為了一樁大事因緣，而來到這個世界。」什麼叫作「一大事因緣」？因緣即是諸佛說法的由緣，「一大事」即是要使各種層次的眾生，不論凡夫、二乘及大乘，都歸一佛乘。

諸佛的出現就是為了對眾生說明，或是使一切眾生同入佛乘，稱為佛知佛見。凡夫不知不見佛的智慧門開在哪裡，增上慢人不信有佛知佛見，二乘聖者無法測量佛知佛見。因此佛就到我們這個世界上來，告訴我們這些眾生有這麼一個智慧之門，好讓我們能夠方便進入。諸佛的知見雖然甚深難解，不可思議，但是如來希望眾生知道有這樣的事，能夠明白佛的所知所見，逐漸達到跟佛相同的境界，最後，我們自身就跟諸佛一樣了。

「諸佛世尊，欲令眾生開佛知見，使得清淨故，出現於世；欲示眾生佛之知見故，出現於世；欲令眾生悟佛知見故，出現於世；欲令眾生入佛知見道故，出現於世。舍利弗！是為諸佛以一大事因緣故，出現於世。」

這連續的開佛知見、示佛知見、悟佛知見、入佛知見，合起來叫作「開示悟入佛之知見」。佛教經常使用這句話，比如說「請某善知識為我們開示幾句法要」的「開示」兩個字，就是出於《法華經》。禪宗也講修行要有修有證，要悟入佛性，這也是從《法華經》來的。

「開示」佛的知見是指說法主——佛，「悟入」佛的知見是指聞法者——弟子。這是有感斯應的感應道交，亦稱機感相應。

「開示悟入」四字是由四句話濃縮而來，代表著四個不同的層次：

（一）開佛知見：諸佛出現在這個世間的目的是為了給眾生聞佛知見。眾生本具佛的知見、智慧，只是被煩惱塵封了，所以需要佛來說法開示，為眾生打開各自的智慧之門，得清淨的智慧心，親證諸法實相，斷煩惱，出生死，成佛道，即是開佛知見。

（二）示佛知見：「示」就是顯示給眾生看。有人畫了一幅畫在畫廊裡展示，這叫作「示」；你口袋裡有一大筆錢，故意掏出來炫耀，這也叫「示」。給眾生指示出，眾生各人自己本來即具有佛知佛見，再進而幫助眾生、教導眾生如何來顯示自己的佛知佛見。

（三）悟佛知見：為了幫助眾生也能顯示自己的知見，就一定要讓眾生開悟才行，自己不開悟，便顯示不出佛的知見來，所以要使眾生自證、自悟，稱為「悟佛知見」。

「悟」有兩種：1.漸悟：《大毘婆沙論》及《俱舍論》等，都說經三祇百劫的修行難行的菩薩道後始成佛。2.頓悟：如《法華經．方便品》云：「若人散亂心，入於塔廟中，一稱南無佛，皆已成佛道。」《華嚴經．梵行品》云：「初發心時，便成正覺。」慧海禪師的《頓悟入道要門論》卷上云：「不離此生，即得解脫。」又云：「即修之時，即入佛位。」中國人好簡求速，所以頓悟法門的禪宗，幾乎一枝獨秀。但也因此而養成許多懶人，聰明伶俐鬼，不事實修戒、定、慧而光賣弄禪語機鋒，野狐禪客滿街走。

《法華經》的悟佛知見，首先是「開佛知見，使得清淨」，若心未得清淨而仍有煩惱心時時現行，便難悟唯一佛乘的諸法實相。

（四）入佛知見：進入佛的知見。「開」是用佛的語言來說，「示」是佛為眾生指出眾生各各皆有佛的知見，「悟」是讓眾生覺悟到眾生自己皆具有佛的知見，「入」則是進入佛知見，發現自己本身就跟諸佛的知見相應相合。

所以這四句話是有層次的，諸佛出現於世的由緣，就是為了這樁大事：幫助一切眾生「開示悟入」佛的知見。

「諸佛如來，但教化菩薩，諸有所作，常為一事，唯以佛之知見，示悟眾生。」

一切佛來到世間的目的，就是為了攝受不同根器的眾生，同成佛道。雖然使用種種方便權巧，說種種不同層次的法門（人天法、二乘法、三乘法），但這些方便法只是一個引導，不是目的。諸佛的目的不在教人五乘、三乘，而唯教化菩薩根性的眾生，或者就是教化一切眾生成為諸佛。所做的一切功德經常僅僅就是為了一樁大事，那就是要把佛的知見顯示給眾生，使得一切眾生悟入佛之知見。

「舍利弗，如來但以一佛乘故，為眾生說法，無有餘乘，若二、若三。舍利弗！一切十方諸佛，法亦如是。」

舍利弗！如來單單是為了以一佛乘而對眾生說法，沒有二乘，也沒有三乘，釋迦牟尼佛如此，十方三世諸佛也是這樣，所有諸佛所說的佛法都是相同，都是為了引導一切眾生成佛。

佛法方便說有五乘，乃是為接引各種根機的眾生，故分別說為人乘、天乘、聲聞、緣覺、菩薩、佛。但是到法華會上，說唯一乘法，就是開示悟入佛之知見的成佛之法。至於二乘、三乘，猶非究竟，何況人乘、天乘。

「過去諸佛」，「未來諸佛」，「現在諸佛」，「亦以無量無數方便，

> 種種因緣、譬喻、言辭，而為眾生演說諸法，是法皆為一佛乘故。是諸眾生，從佛聞法，究竟皆得一切種智。」

這一段是補充說明，所有諸佛都用能使眾生成佛的方法來幫助眾生，現在的十方諸佛如此，過去的十方諸佛如此，未來的十方諸佛也是如此。他們雖然用許多的方便，以種種因緣、譬喻、言辭，使眾生能夠聽懂，進而接受，這都是為使眾生理解到佛法只有一種，既沒有以聲聞及緣覺的二乘為究竟，也沒有以聲聞、緣覺、菩薩的三乘為終極。諸佛來世間，只有一個目的，就是皆以唯一佛乘開示眾生。使一切眾生從諸佛那裡聽到唯一乘的佛法之後，都能得到「一切種智」，也就是實證佛的智慧。

「一切種智」是三智之一的佛智。《大智度論》的三智是：一切智、道種智、一切種智。

（一）一切智：一切智慧，這是小乘聲聞、緣覺所得的智慧，又叫作「總相智」。總，是全部的意思，也就是全體概括的認識。基本上，如果我們能夠認識一切法是空的，那就是得「一切智」。

（二）道種智：「道」指菩薩道，這是一切菩薩所修得的智慧，能知道諸法的種種差別現象就是「空」。小乘所知的「空」是整體，而不是個別個別地去了解認識。菩薩為了度眾生，不同的眾生需要不同的佛法，所以菩薩能以「道種智」適應眾生，產生種種教化眾生的功能，應機而說，恰到好處地施以佛法。

（三）一切種智：這是成佛之後所得到的智慧，能通達一切種類和原因，由一切種智可以產生一切智慧的功能，菩薩及二乘的智慧就包含在其中，但是三乘聖者的智慧不能稱為一切種智，只有佛的智慧才可以如此稱呼。

實際上，一切種智也是「根本智」及「後得智」的總和，因為從功能上來講，為自己斷盡一切煩惱，得無分別智，是根本智，即如理智；起大悲心能教化一切眾生者，是於根本智之後所得智，就叫作後得智，即如量智。由此可知，一切智慧佛都具備了！

「舍利弗！十方世界中，尚無二乘，何況有三？」

二乘就是聲聞、緣覺，三乘就是聲聞、緣覺、菩薩；十方世界也就是諸佛世界。諸佛世界裡沒有二乘法，沒有三乘法，只有一乘的佛法。然在各種大乘經典中，所載十方佛國淨土，卻有聲聞、緣覺、菩薩等眾，圍繞供養，聽佛說法，豈非與此《法華經》所說牴觸了嗎？這便正是《法華經》要表明的問題：指出其他一切經教，皆是方便說，唯有《法華經》才是如實說。

「諸佛以方便力，於一佛乘，分別說三。」

雖然如實而說沒有三乘，諸佛為了接引不同根性的眾生而方便地把一佛乘分別說成三乘，使得各種層次的眾生，都有入門處的著力點。

這就好像是千丈高樓，必須從地而起，雖然目的要到最上一層，也得逐層建築。但是除了上得最高一層者知道全樓的景色為何，以下諸層的住戶訪客，都不能得知此樓的全貌全景。若已登至最上一層，它和下面是不能分開的，一分開就不是最高一層。因此既得全體的一乘，就不用再分別逐層的三乘了。

又例如「一佛乘」是一座整棟樓房，「分別說三」是說這棟樓房有三層高。如果要到最上面一層去，除非乘直升機空降樓頂陽台，許多人沒有辦法一步就跨到第三層樓上，必須逐層拾梯而上，因此這就等同「方便說三乘」一樣了。

「舍利弗！若我弟子，自謂阿羅漢、辟支佛者，不聞不知諸佛如來但教化菩薩事，此非佛弟子，非阿羅漢，非辟支佛。」

諸佛出現世間即是為了教化菩薩，教化眾生修持菩薩法，以修持菩薩法至最後，達到成佛的目的，因為只有菩薩能成佛，佛是由菩薩所成的。《佛本生經》中記載，釋迦牟尼佛在過去無量世的因地，以修菩薩行而名為菩薩，所以學佛就要先學做菩薩。釋迦世尊座下，不論是何種根機，都是佛的弟子，是向佛學佛，當然也都是菩薩，雖然有阿羅漢及辟支佛名，應該都是菩薩阿羅漢與菩薩辟支佛。如果還不知道佛陀教化的對象雖名聲聞、辟支佛，而所教的內容是菩薩法，那就不是佛的弟子了，也不是佛陀座下的阿羅漢、辟支佛了。

請不要認為具有阿羅漢與辟支佛之名的一定是小乘，佛陀十個稱號之一的「應供」，梵文 arhat，與二乘聖者之無學果位之名相同，表示大乘的阿羅漢就是佛。還有，釋迦牟尼佛出世以前，我們這個世間從來沒有人弘揚過佛法，而是佛自悟自證，這就是獨覺（緣覺），可見得大乘獨覺就是佛。因此，有小根小器的聲聞羅漢，有小根小器的辟支佛，但是真正大根器的阿羅漢是大乘的佛，真正大根器的辟支佛也是大乘的佛。

「又舍利弗！是諸比丘、比丘尼，自謂已得阿羅漢，是最後身，究竟涅槃，便不復志求阿耨多羅三藐三菩提，當知此輩，皆是增上慢人，所以者何？若有比丘，實得阿羅漢，若不信此法，無有是處。」

這是對剛才離開的增上慢五千人等所下的評語。佛說：舍利弗啊！那些比丘、比丘尼自認為已經證得阿羅漢果，得到究竟涅槃；自認為已是最後一生，就不再發願求阿耨多羅三藐三菩提，這些都是增上慢人。心量不夠廣大，信心不夠堅實，得少為足，沒有體證到成佛的境界，就以為已跟諸佛一樣地同一解脫，同一涅槃。所謂未得謂得，未證謂證，這就是增上慢人。

為什麼呢？假如真是佛的阿羅漢弟子，他不會不相信佛說唯有一乘佛法才是最上乘法，也不會不相信教菩薩法才是成佛之法，當然也就不會退席不聽了。

阿耨多羅三藐三菩提義為無上正遍知覺，梵文 anuttara-samyak-sambodhi，即是無上菩提，也就是佛的果位。依據《三藏法數》所舉《出生菩提經》說有三種菩提：1.聲聞菩提：自發菩提心，求自解脫，不勸化眾生發菩提心者。2.緣覺菩提：類似聲聞，自解脫而不勸眾生解脫。3.諸佛菩提：諸佛於因地中發菩提心，學習大乘法義，自解脫亦令眾生解脫，乃為無上菩提。

「汝等當一心信解受持佛語。諸佛如來，言無虛妄，無有餘乘，唯一佛乘。」

佛又再三反覆地說：你們應該要相信、接受佛所說的話，要照著去做。諸佛如來不作虛妄語，一定是真的。佛法門中沒有二乘或三乘，只有一乘，那就是《法華經》所說成佛的法門。

「一心」是專志及專念，不是三心二意，朝秦暮楚。

「信解受持」是信仰、理解、實踐的三次第，初以信仰導入，次以知見明確，後以如法持續的修行為著力處。此三者既是次第的，也是連環的。首為次第漸進，繼為連環上升。所謂連環，是由實踐的體驗而更堅固其信心，更明確其內容，接著也更能鼓勵其實踐所信所解的佛語了。

偈云：「十方佛土中，唯有一乘法，無二亦無三，除佛方便說。」
又偈：「我有方便力，開示三乘法，一切諸世尊，皆說一乘道。」
又偈：「一切諸如來，以無量方便，度脫諸眾生，入佛無漏智。」

原經文中接下來有很多的偈子，都是說明一乘、二乘、三乘的關係。十方世界的所有一切佛土之中，只有一乘法，沒有二乘也沒有三乘，除非是為了方便才說三乘。這在前面已經講過了，這裡又重述一次。

又說：一切諸佛世尊都說一乘佛道，但我釋迦牟尼佛用方便的力量，在說一乘道之前，對眾生開示了三乘法門。

又說：一切諸佛如來，也用無量的方便法門來教化，讓眾生都能進入諸佛的無漏智海。「入佛無漏智」就是要使眾生皆能悟入佛的知見，也就是前面講過的「一切種智」。

無漏 anāsrava 和有漏 sāsrava 相對，漏是漏泄，是煩惱的異名，含有煩惱的心念，看待一切世間之現象，盡為有漏法，離煩惱之出世間法為無漏法。《大毘婆沙論》卷四十七云：「留住義是漏義者，誰令有情留住欲界、色無色界，所謂諸漏。」又云：「何故唯說煩惱為漏，不說業耶？……業不定故，謂或有業留諸有情久住生死，或復有業，令諸有情對治生死煩惱。」

凡以有漏心，修一切行，皆為招致人天三界有漏果報的有漏道，終不得無漏智。凡是帶有迷理煩惱之力的智慧，皆為有漏智，雖觀緣一切有為無為之法，然重於世俗法為對象，故亦名世俗智。

而「無漏智」是斷除一切妄想煩惱的清淨智，也就是斷盡一切分別煩惱障、分別所知障，也盡一切俱生煩惱障、俱生所知障，盡除事障及理障，見惑與思惑，便是佛的無漏智。

又偈：「為諸眾生類，分別說三乘，少智樂小法，不自信作佛；是故以方便，分別說諸果，雖復說三乘，但為教菩薩。」

這是講增上慢的那些人，只希望得到阿羅漢果，所以有小乘法就滿足了，他們不相信自己也能成佛。

南傳佛教的斯里蘭卡、泰國、緬甸等地都是上座部，過去我們慣稱他們為小乘佛教。雖然在南傳的巴利文三藏中，也有過去七佛及七佛通誡的記載，此與漢傳阿含藏及律藏中所載，過去有七尊佛的信仰和傳誦略同。經文中指出，過去的莊嚴劫，現在的賢劫，未來的星宿劫，各有千佛出世。莊嚴劫的最後三佛，現在賢劫的最初四佛，相加為過去七佛，釋迦世尊為第七佛。此在時間延伸上的多佛信仰，乃為南、北傳的大、小乘佛教所相同。唯在空間上的無限擴展而說，現在的十方世界，即有無量諸佛正在說法度眾生的信仰，則係大乘佛教的特色。尤其在一佛住世之時，僅信一佛是佛，其餘的二乘聖者，雖同得解脫，卻不許有眾生皆成佛的信仰。《法華經》則專門針對這些三乘各別說的弟子們，大聲疾呼：三乘是方便，作佛究竟說。並指出「少智樂小法，不自信作佛」。

「少智」是《大智度論》所說一切智、道種智、一切種智的第一種，為二乘聖者樂小乘法者所得，故不信他們能夠成佛。因此使得世尊一再提醒大家：三乘果位是方便說，一乘菩薩是佛教的目的。

現在很多人以為佛教是消極、是逃避現實的。不錯，的確有不少人由於厭離生死心切，所以一心嚮往解脫成為阿羅漢，逃避現實；但在《法華經》中，形容小乘的涅槃如人酒醉，僅一時地迷醉於寂滅境中，卻非究竟寂滅，故提倡大乘菩薩的解脫生死是自由自在於生死，兩者有很大的差別。就因為有許多眾生，在知道自從世尊成佛以來，尚未看過成佛的人，倒是在聖典中見到許多人成了阿羅漢，所以只相信成阿羅漢是事實，卻不相信自己也能成佛。因此釋迦牟尼佛就預先以方便慈悲的心懷，對眾生說種種法門，說有不同的果位。但不管說了多少層次的法，他的目的都是要眾生學菩薩法，令眾生成佛道。

三乘的果位有初果、二果、三果、四果，還可以分為初果向、初果、二果向、二果、三果向、三果、四果向、四果，這叫作「四向四果」，又稱為「四雙八輩」，每一個果位都分得清清楚楚。很多人以為，聲聞的聖果比較易得，若證到初果只要再七返生死就可以證涅槃；證第二果，僅再一來生死便得解脫；證第三果名為不還，命終生色界淨居天，不再還來生死即入四果；若即身不得阿羅漢的四果，得初果便有了保證。

曾經有一次我在美國主持禪七的時候，有位居士在聽到要發菩薩悲願之後，就來找我：「師父，我沒有辦法發菩薩悲願，我只希望從此以後不再生死，不要再來了！這一生吃了幾十年的苦已經夠多了，還要我學菩薩，永無止境地吃苦下去，那怎麼得了！我就是因為吃苦吃夠了才來學佛的，能不能給我一個證阿羅漢的法門就好了？」

你們之中也有這種人嗎？有的！這是很正常的事。釋迦牟尼佛就看到有這種人，所以常方便說有三乘法，既有聲聞、緣覺，亦有菩薩法。但是不要忘了佛陀說法真正的目的，是教我們學做菩薩，何況也明白告訴了我們：愚法二乘，縱得涅槃，亦如酒醉。其實小乘解脫，也非即身成辦的，依據《俱舍論》卷二十三云：「聲聞，極速三生方得解脫。」《俱舍光記》卷二十三云：「聲聞，極疾三生修加行，極遲六十劫修加行。」

又偈：「今我喜無畏，於諸菩薩中，正直捨方便，但說無上道。」

「菩薩聞是法，疑網皆已除，千二百羅漢，悉亦當作佛。」

這兩偈是這一品的結論，是說世尊今天非常歡喜，不必再擔心什麼，因為不相信唯一乘法的人們已經離開。在座諸位都沒有懷疑，所以乾脆不再講方便法，暫且把它丟在一旁，而來說成佛的無上法門。菩薩根器的聽眾，聞法之後，已除懷疑之網，在座的千二百位阿羅漢，當來亦皆成佛。

無上道即是阿耨多羅三藐三菩提的道。二乘三乘皆屬有上道，唯有一佛乘是無上道。

疑網是指這些菩薩聽到唯有一乘法，初時尚有驚疑，此時已無疑惑了。「網」是見地之網，若為二乘的見地所困囿，而對無上的佛道生疑心，就好像魚進了漁人的網便沒辦法脫身一樣，而此處的疑網更甚於魚網，魚網尚有漏網之魚，疑網出於自心的偏執，除非自己放下偏執，否則誰也無法使你破網而出，老在網裡頭麻煩就大了。

「千二百羅漢，悉亦當作佛」，是本品所舉阿若憍陳如等，有一千二百位阿羅漢，佛陀知道他們已除疑網，所以首先為他們授記，預告當來必定成佛。

今天晚上在農禪寺聽講《法華經》的，正好也是一千兩百人。我無能給諸位授記作佛，但我勸勉諸位，人人發願，當來之世，必定成佛。

三、譬喻品——三界火宅，三車一車

在前述〈方便品〉中，世尊直截了當地說明了「唯一佛乘」，已度若干上根二乘；此品再以譬喻方式說明「唯一乘法」，以度中根二乘，進入佛道。

所有《法華經》中的譬喻都非常有名，尤其是「三界如火宅」這個譬喻，常常被佛教徒拿來警惕初機學佛的人，或者尚未學佛的人。近代中國的太虛大師作了一首〈三寶歌〉，歌詞裡的「三界火宅」就是出於《法華經》。

從〈譬喻品〉第三至〈授學無學人記品〉第九，一共七品，是繼〈方便品〉中所說之一乘法，而用種種譬喻及因緣談等，說明「唯有一乘法，無二亦無三」，共用三類方式，即所謂「法說、譬說、因緣說」的三周說法，來引導上中下根的三乘人，悉皆領解佛之真意，並授成佛的記莂。

三周說中的「法說」，就是前面的〈方便品〉，直接說出一乘法，「譬說」就是本〈譬喻品〉所見，「因緣說」我們後面會講到。

「授成佛的記莂」就是預告將來何時成佛，國土何名，佛名何號。上根的二乘人只要一聽到「法說」就能夠信受；中根的二乘人聽完「法說」，還要聽到「譬喻說」才能接受相信；而下根的二乘人則要「法說、譬喻說、因緣說」全部都聽完，才能信受奉行。

上根聲聞舍利弗，聽了如來方便品中所說的「聞所未聞，未曾有法」，即云：「斷諸疑悔，身意泰然，快得安隱。今日乃知，真是佛子，從佛口生，從法化生，得佛法分。」佛即為舍利弗授記，將來成佛，名華光如來，國名離垢，劫名大寶莊嚴，其佛壽長十二小劫，滅度之後，正法住世三十二小劫，像法住世亦三十二小劫。

舍利弗聽了〈方便品〉之後，好歡喜，因為他是上根二乘的人，所以聽完「聞所未聞」的一乘大法，便說：「我心裡的疑慮及悔惱全都斷了，而且身心舒暢愉快，非常安詳、安穩（隱，通穩）。我今天才知道，我是真正的佛子。」不僅是佛的聲聞弟子，而且是必定成佛的法王之子。既然已被佛陀授記，就像是已被國王欽定為太子，有一天確定會繼承王位一樣；既是真正的佛子，將來一定也能紹隆佛位，成為佛的補處。

所謂「從佛口生」的意思是，一般人乃至將要繼承王位的王子，都是從母親的肚子裡懷孕出生，而佛子卻是從佛的口中出生。諸佛用口說法，所以我們這些佛子，都是由於聽聞佛法而得法身的慧命。

「從法化生」是指我們的法身慧命就是從佛法化現而生的，得到佛法之後，轉化煩惱成菩提，轉化凡夫心、二乘心而成為大乘菩薩心，乃至究竟的佛心，這都叫作從法化生。

「得佛法分」則是於成佛之法已經有份，這時的舍利弗已經得聞最高無上的佛法，雖尚未成佛，卻已具足了將來必當成佛的身分，故名「得佛法分」。不相信自己能成佛的人，便是未得佛法分，只能說是得到了人天法或是二乘法。所以同樣是聽聞佛法，人天根器的人只能聽懂人天法，得不到二乘法；二乘根器的人最多也只能得到二乘法；都不能稱為得佛法分。

接著，佛即為舍利弗授記：將來成佛，名華光如來，佛國名為離垢，那個時段名為大寶莊嚴劫。比起釋迦佛的世壽僅得八十歲，華光佛的壽長十二小劫；涅槃後正法、像法各住三十二小劫，比起世尊滅後，正法住世僅一千年，又長久多了。

《法華經》於此處提出，佛滅之後有正法及像法二時之說，此與《雜阿含經》卷三十二第九〇六經有云：「如來正法欲滅之時，有相似像法生；相似像法出世間已，正法則滅。」並以真寶沒而相似寶出，來比喻正法之純而像法之非真。此到《俱舍論》中，猶只見正像二時；但到了《大乘同性經》時，則見有：「住持一切正法、一切像法、一切末法」的三時說了。

許多經論多說正像二時，有謂各五百年，有謂各一千年。《中觀論．觀因緣品》僅云：「佛滅度後，後五百歲，像法中，人根轉鈍。」《釋淨土群疑論》卷三依《大悲經》而云，正法、像法各一千年，末法一萬年（《大悲經》實無此文）的三時說。依據南嶽慧思《立誓願文》則指出：正法五百年，像法一千年，末法一萬年。可見初為正法及相似像法之別，後來衍為正、像、末的三時之說了。

此品重點是佛為須菩提、迦旃延、摩訶迦葉、目犍連等中根四大聲聞，說三界火宅喻，及羊、鹿、牛的三車一車喻。說明「**於一佛乘，分別說三**」之義，以及「**唯有一乘法，無二亦無三**」之義。

譬喻品主要是為中根四大聲聞說的，他們還會出現在後面的〈信解品〉。這裡主要是以兩個譬喻：三界火宅、三車一車，進而說明「於一佛乘，分別說三」，以及「唯有一乘法，無二亦無三」的道理。

火宅喻三界，三車喻三乘，佛先說三乘法，誘使眾生出離三界火宅的險境之後，佛即以平等的一種大白牛車，與諸稚子，「其車高廣，眾寶莊校，……重敷綩綖，安置丹枕，駕以白牛，膚色充潔，形體姝好，有大筋力，行步平正，其疾如風。又多僕從而侍衛之。」

三界如火宅，「三界」就是欲界、色界、無色界，包括六道所有眾生，特別是天道，天道的眾生分散在三界二十八天之中，範圍相當廣。這二十八天是：欲界六天，色界十八天，無色界四天。不管是哪一界的哪一天，都還在苦多樂少、樂盡苦還來的生死界中，生死就是由煩惱引起，生離死別、怕死貪生、惱亂不已，所以說生死界即如同正在被煩惱燃燒的火窟。

佛先用三乘法，來誘導那些只有三乘根器、喜歡二乘及三乘法的眾生，使他們各取所愛，各得所喜的工具，能夠先出離三界。之後，再給他們相等的一乘佛法，共成佛道。「大白牛車」代表佛乘，也就是佛法。

以羊車、鹿車、牛車的三種交通工具，譬喻聲聞乘、緣覺乘、菩薩乘的三乘。各依不同的根器，每一種人都能獲得各自希望得到的，尤其是小孩子，個兒小、心量小、膽量小，不敢選坐牛車，希望坐羊車的便給他們羊車，也有喜歡鹿車的，就給他們坐鹿車。等他們坐上羊車或鹿車，出了火宅之後，佛便只給他們一種牛車，譬喻唯佛一乘的大白牛車，那就是佛所教的菩薩法。他要孩子們通通換上牛車：「你們看看這麼大的車子！什麼羊車、鹿車，如果要想成佛道，這些都不中用，大家一起上大白牛車去吧！」

這部大車是用大白牛拉的。印度的牛有黑有白，白牛之中又有一種大白牛，像小象一般地又高又大又有力，走起路來虎虎生風，拉著車子又快又穩，既能乘載許多客人，又能耐勞耐久，長途跋涉，永不疲乏。比起羊車、鹿車，這種白牛大車，座位舒適柔軟寬廣，裝飾華麗高雅，所以要說「其車高廣，眾寶莊校」，說明大白牛車又寬又高，是以種種七寶珠玉瓔珞等莊嚴成的。

又形容「重敷綩綖，安置丹枕」，座位是用多重的錦綢絨棉等敷設的，不僅可以坐著，也可臥下休息，還備有丹紅色的軟枕供你享用，布置得簡直就像現代化的豪華座車一樣。

拉車的大白牛，毛色光澤，身體強壯可愛，而且有大筋力，在路上行走的時候非常平穩，速度之快就像御風飄行一樣。還有很多僕從前呼後擁，照顧這輛車子。

這些都是表示著修學佛道，習菩薩行的人，有六度萬行為之莊嚴，梵行清淨如眾寶瓔珞嚴其身心。萬行菩薩，難行能行，難得能得，難成能成，所以經常能夠遠行，經常能夠大得，終究必可大成，經常可度無量眾生，就有許多的眷屬圍繞，都是四眾弟子、護法龍天、菩薩等眾。

「如彼長者，初以三車，誘引諸子，然後但與大車，寶物莊嚴，安隱第一；……如來亦復如是，無有虛妄，初說三乘引導眾生，然後但以大乘而度脫之。」

譬如有福德的長者居士，為了讓不懂事的孩子們出離火宅，就用三種車來誘導他們。慈悲的如來，就像這個長者一樣，最後用最高、最究竟的大乘佛法，來使得一切眾生從生死此岸，經三乘的彼岸，全部都能脫離彼此兩岸的執著，到達究竟成佛的目的。

四、信解品——長者窮子，佛與佛子

以上所舉四大中根聲聞，聽了方便品的法說及譬喻品的譬說，已能領解佛意，發希有心，歡喜踴躍，而云「深自慶幸，獲大善利，無量珍寶，不求自得。世尊，我等今者，樂說譬喻，以明斯義。」接著他們便說了「長者窮子喻」。

四大中根聲聞：須菩提、迦旃延、摩訶迦葉、目犍連，聽了「法說」及「譬說」兩種層次的法之後，已能領解佛的意思，便發稀有難得之心，而且非常歡喜踴躍地也用一個「長者窮子喻」來向佛陀表明，他們真的領悟到了唯有一佛乘的奧義。

歡喜，是心裡面歡喜；踴躍，是喜形於色地手舞足蹈。不過，阿羅漢們縱然在很歡喜的時候，也應該是不會手舞足蹈的，此僅是形容內心非常高興。

接著便由須菩提和摩訶迦葉為代表（四人以須菩提為首，他說了此喻之後，再由摩訶迦葉說偈頌），也有可能是他們四個人異口同聲地說了下面的「長者窮子喻」。

「譬若有人，年既幼稚，捨父逃逝，久住他國，或十、二十、至五十歲，年既長大，加復窮困，馳騁四方，以求衣食。漸漸遊行，遇向本國。其父先來，求子不得，中止一城，其家大富，財寶無量。」時貧窮子，遂到其父所止之城，到其父舍，見父有大勢力，疾走而去。長者識子，遣人追捉，窮子惶怖，悶絕倒地。放之令出，密遣二人，無威德者，將來於二十年中常令除糞，習慣之後即以財富悉皆與之。

這一個譬喻是說有個富家子，在年紀很小的時候，不懂事離家出走，流落異鄉，住在其他國家。貧窮潦倒地過了十年、二十年，乃至於五十年，隨著年紀增長，也就更加窮困。為了要找工作、謀生存，他東奔西走，處處流浪，漸漸地回到自己出生的國家；這是一個大國，有很多城邦。他的父親在這段期間，也不斷地尋找兒子，一城過了又一城，五十年來不知經過多少地方，最後在某個城裡安頓下來。他們家裡很富有，所有的財富及寶物無法以數量計算。所謂「富甲天下」、「富可敵國」，和國王一樣富有，甚至於更富有，那麼他一定不是普通人。

貧窮的兒子不知道他的父親就在這座城裡。有一天剛好走到他父親的豪宅大院門前，看到扈從如雲，有很多佣人、管家，以及安全警衛人員。心想：「這一定是豪門大族，是有財、有勢、有權力的人家，若被抓住了，就不知要吃多少苦頭了！」這麼一害怕，他立刻拔腿就跑走了。

現在的豪門巨富，還不至於如此，但是在過去舊時代的富豪人家，都有這樣威風凜凜的排場，比衙門還要森嚴。我在童年時代，就有過這種經驗，有錢人的家裡，院落大到深不見底，怎麼敢進去？別說不敢進門，就是在門外走走都怕人。

但是這位富有的長者立刻認出那是他走失多年的兒子，趕緊派人把他追回來。這個被追上捉回來的窮兒子，卻因為非常恐懼，以為他們將要殺死他，以致於驚嚇過度而暈倒在地。於是他的父親不再強迫他，改用緩兵之計，放他走了。但是又想到一定要讓這孩子跟他相認，就暗中派了兩個沒有威德、看起來不像是有錢人家的人，出去找到他、跟蹤他，隨伴著他一同流浪行乞，最後讓他從偏門進入他父親的豪邸，派他擔任垃圾清理的工作，長達二十多年。直到他習慣了這座豪宅中的人際關係，以及各項行事規則之時，他的父親才告訴他：「你這二十年來，勤奮工作，從不懈怠，工作之時也從未見你像其他人那樣，你沒有懈怠、瞋恨、怨言。我已年老，也別無兒子，你就把我當作父親吧。」

於是這位長者便給窮小子另取一名，呼之為「兒」。這個窮小子得此待遇，雖然高興，仍以做長工的下賤人自居。再過二十年，長者有疾將終，父子之間已然取得互信，彼此相認，大會親友，宣告一切財物的繼承權，均歸此子。

經文中的「糞」即是垃圾，印度人稱一切拋棄物、骯髒物、汙穢物，都為糞掃物。「除糞」即是清理垃圾，也就是指打掃環境的人。

《法華經》的原文，講得更詳細，例如說，二十年中先讓他清理外面的垃圾，漸漸地由外往內，後來連最後面、最重要的地方都讓他清理，就如同家中的成員一般。在這種情形下，兒子已熟悉環境不再害怕，此時因緣成熟，才把財產全部交給了他。

《法華經》共有七喻，這個譬喻與卷四的〈五百弟子受記品〉中「貧人衣珠喻」，前後呼應，交相輝映。

總結云：「大富長者則是如來，我（四大聲聞）等皆似佛子。」

大富長者就是比喻如來，四大聲聞就好像是那個窮小子，聽到譬喻說之後，才知道他們原來就是佛的兒子，以後不再捨離一乘的佛法而逃避到二乘中去。兩位沒有威德的僕人，一個瞎眼，一個貌醜，乃係比喻聲聞及緣覺的二乘法。

「佛知我等心樂小法，以方便力，隨我等說，而我等不知真是佛子，今我等方知。……若我等有樂大之心，佛則為我說大乘法。於此經中，唯說一乘。」

這時四位中根聲聞聖弟子接著又說：「佛知道我們喜歡小乘法，所以隨著我們的需要，而用種種方便，先以二乘法及三乘法來教化我們（如前面所講的三車喻）。那時我們不知道自己是真的佛子，只知道我們是阿羅漢，不可能成佛，現在了解了。……當我們有了喜歡大乘的心時，佛就為我們說大乘法，在這部《法華經》裡，只說一乘法，就是一切法門中的最上乘。」

偈云：「我承佛教，為大菩薩，以諸因緣，種種譬喻，若干言辭，說無上道。」

我（也可以說是我們四個人）承蒙佛的教誨，已知世尊只是為了大菩薩們，乃以種種因緣、譬喻，以及若干的言詞，來說無上佛道。

要知道，前面的譬喻是由四大聲聞所說的；換言之，這一〈信解品〉不是佛說的，全部是出於四大聲聞，向佛回應，請佛認可而說的。

又偈：「佛亦如是，現希有事。」「隨諸眾生，宿世善根，又知成熟，未成熟者。種種籌量，分別知已，於一乘道，隨宜說三。」

四位聲聞聖弟子們，又以偈說：佛也是這樣，顯現出非常稀有、非常難得的事。那就是隨著眾生過去宿世善根的不同，佛知道哪些人已經準備好了，哪些人沒有成熟；也分別知道他們心中種種的考量，知道後，便於唯一佛乘，方便隨宜而作三乘之說。

「隨宜」是為不同善根的人，適當的以種種不同的言詞，為他們說不同層次的佛法。但是實際上隨宜說法的目的，是為使大家會歸於一乘佛法，是為了一乘而方便說三乘。

不管是不是佛教徒，都有這種困擾：佛每說一部經典，都會說這部經是最好、最上、最究竟的，讀誦受持這部經的功德，無量無邊。那麼，究竟哪一部經才是最好的呢？

其實每一部都好，你願意接受哪一部經所講的道理，適合修哪一種法門，那一部經對你來說就是最好的。佛的「最好」不是對他自己講，而是對當機者說的，這叫「當機說法」。說《阿彌陀經》時，是為《阿彌陀經》的當機者而說；說《金剛經》時，則是為《金剛經》的當機者而說。

當機，就是恰到好處。某些人適合某些法門，他們能夠、也願意接受這個法門，這就是「當機」。

不論在家出家，我們都可以常常聽到：「我很喜歡某一部經，但是另外那一部經我看不懂，我不能接受！」也有人說：「好像聽了《阿彌陀經》我就入迷了，我好喜歡喔！」但是也有人說：「我就是不喜歡《阿彌陀經》，我喜歡《金剛經》！」有些經聽了、看了之後，不知道它講些什麼，對當事人來說好像沒有什麼用，這就是不契機；有的卻是一、兩句話，就能打在心坎上：「唉呀！好受用！」那麼你就是那部經的當機者。

這部《法華經》的當機者是誰？天台宗的學者，將本經置於一切經之上，因為此經不棄三乘而讚一乘，大小各別，而主張會三乘歸一乘。故在大乘佛法的立場而言，本經應該是能夠適應一切根機的人。

五、藥草喻品——三草二木，一雨普潤

本經共有七喻：火宅、窮子、藥草、化城、衣珠、髻珠、醫子，都在以喻說明三乘是權巧方便，一乘是無上道。因為前面用火宅喻及三車喻，已使舍利弗等五大阿羅漢悟大乘道，還有好多好多阿羅漢等尚未悟入一乘道，所以繼續告訴大家一些比喻。

「三草二木」是喻根機大小深淺不同的眾生；「一雨普潤」則是喻佛的教法唯一佛乘，而普收三乘。佛法只有一種，因觀眾生有三種不同的根機，而方便說有三乘。

這個比喻是說：天上下雨的時候，不會遇到大樹就下多一點，遇到小草就少下一點。雨是平等地普施遍降，但是地面上的草木有大大小小不同，所得到的雨量就有大者多得、小者少得的差別。這是喻佛平等說法，但是眾生得到的法益則各有程度深淺的不同。《維摩經》云：「佛以一音演說法，眾生隨類各得解。」佛以一種語音說法，說的是同樣的法，可是凡夫聽到的是人天的五乘共法，小乘人聽到的是三乘共法，大乘人聽到的是大乘不共法。各各隨著不同的程度，而得到不同的利益。

> 如來聽畢摩訶迦葉等四大中根聲聞以喻讚歎，而云：「如來是諸法之王，若有所說，皆不虛也。」

如來聽完摩訶迦葉等四大中根聲聞，用「長者窮子喻」來讚歎佛，為了究竟而說方便法之後，如來真實的功德無量無邊，他們說的譬喻雖然沒錯，若以無量劫說，也是說不完的。如來為法王，若有所說，都是實話。

「如來是諸法之王」這句話在〈藥王品〉尚可見到。「諸法之王」就是法王，王有自在意，故於〈譬喻品〉中有「我為法王，於法自在」的解釋；《維摩經．佛國品》也有類似的句子「已於諸法得自在，是故稽首此法王」。只有諸佛能於一切法完全清楚，故得名為法中之王。《釋迦方志》卷上云：「凡人極位，名曰輪王，聖人極位，名曰法王。」不過在歷史上的護法聖君，也有被後人尊為法王的，例如，印度的阿育王及日本的聖德太子，均被稱為法王。

現在很多人稱西藏的大喇嘛為法王，這是在中國明朝的時候，皇帝為了安撫藏族，從政治上的考量使其歸順中國朝廷，所以敕封那些擁有政治權力的各派大喇嘛為法王、寶王、國師、大寶師、金剛大士等。明成祖封噶舉派大喇嘛為大寶法王，迄明末為止，封了八位大喇嘛為法王，兩位為西天佛子，九位為大國師，十八位為灌頂國師。此以君主敕封有大修行的金剛士為法王，與本經所說的「諸法之王」是不太相當的。當時因為中國的國力強大，皇帝可以封任何一位皇親國戚以及有功於朝廷的文臣武將為某王，就是不能封西藏的大喇嘛為藏王，由於那些大喇嘛是弘揚佛法的，所以就封他們為法王了。

雖然真正的法王是指諸佛，近來由於藏傳佛教傳遍世界各地，稱為法王的大喇嘛們雖已再三轉世，漢人當然還可以尊稱這些大喇嘛們為法王。在西方社會，則以英文尊稱他們為 His Holiness，意為殿下或陛下，也是對於有崇高地位的皇家貴人而作的尊稱。

「若有所說，皆不虛也」就是《金剛經》裡說的：「如來是真語者、實語者、如語者、不誑語者、不異語者。」所以凡是佛有所說，都是如實而說，絕無虛妄。

「其所說法，皆悉到於一切智地。如來觀知一切諸法之所歸趣，亦知一切眾生深心所行，通達無礙。又於諸法究盡明了，示諸眾生一切智慧。」

佛所說的法，都到達一切智地。一切智是二乘聖者的解脫智，道種智是登地菩薩的自利利他智，只有佛才得一切種智，佛智能涵蓋三乘聖者所得一切智及道種智。

如來通達一切法，所以知道一切法怎麼來、怎麼去，來龍去脈清清楚楚，前面所謂「十如是」，就是一切法的歸趣。

佛對十法界中每個眾生的過去、現在、未來所知所想，乃至一切微細的煩惱心及智慧心，都清清楚楚。不僅是眾生無窮的妄想心，就是無量恆沙數諸佛諸菩薩的清淨心，佛也悉數知道，沒有一點阻礙。

佛心和眾生心是同樣的，這裡所說的「眾生深心」不只是眾生的所思所想，實際上也包括了一切煩惱心及一切清淨心。不過，如來雖於一切眾生的深心所行通達無礙，卻不能盡說一切眾生的三世因果。

多數人都對自己的三世因果感到好奇，也有人問我，他的過去是怎樣？未來將如何？這是永遠問不清楚的。因果不可思議，因緣亦不可思議，有現在三世、過去三世、未來三世，無數三世中有無量因緣，根本無法用語言、文字、思考等衡量表達。

我曾經遇到一位自稱有神通的好心人士，免費為我看三世因果，自動告訴我，我的過去世曾經是如何如何。過了一段時間，他已忘記上次講了些什麼，又來告訴我前世的事情，於是我問他：「奇怪！你上次和這次說的怎麼有些不一樣？」「喔！上一次是前生，這一次看的是前生的前生。」他回答的還挺有道理，有可能是真的，但也有可能是信口說的。

可知一般人講的三世因果不可靠，人人都有無量的三世，普通人怎麼可能全部看得清楚？只有佛以無漏的一切種智觀察眾生，才能知道一切，但也無法說出一切。所以大家不要急著知道，等到成佛之後，你便無所不知了！

這段經文又提到「諸法」，《法華經》的「諸法」是指十法界的眾生。對諸法通通明瞭，又為這些眾生開示、顯示佛的一切智慧。也就是說，以一乘法來教化眾生，使眾生能顯現佛的一切智慧。

如來隨即更以「三草二木」做譬喻，宣說如來為眾生，平等施予慈悲的救濟。以小中大三等藥草，喻人天及二乘。以小樹及大樹，喻中根及上根之菩薩。以「一雲所雨」，「雖一地所生，一雨所潤，而諸草木各有差別。」一味普降的雨水，喻佛的平等大慧。

凡夫有分別心，對家裡的人多照顧一點，對外人少一點；對同族的人多照顧一點，對異族則少一點；對人類多照顧一點，對異類則不一定要費心。就這樣一層一層，有尊有卑、有高有下，有種種親疏差別，這都是有分別。其實除了人以外，還有其他的動物也是眾生，就不該受到照顧嗎？佛則不同，佛給眾生的慈悲救濟，沒有條件，沒有親疏、厚薄、恩怨等等的差別。

這裡是用小、中、大三種藥草以及大、小兩種樹木做譬喻。小藥草譬喻人，中藥草譬喻天，大藥草譬喻二乘；小樹譬喻中根，大樹譬喻上根。中、上根的人能接受大乘佛法，下根眾生也能接受佛法，但是要花更長的時間。佛說的是一味的大乘法，是平等的，可是眾生各有自己的因緣，根機是不平等的；所以就眾生從佛法得到的利益而言，如同三草二木從雨水獲得滋潤一樣，也是不平等的。

「一味普降的雨水」是譬喻佛的平等大慧，從偉大平等的智慧中流出的甘露法雨，使得各類眾生都能獲益。

如來出現於世，「以大音聲，普遍世界」，「如彼大雲遍覆三千大千國土」，「未度者令度，未解者令解，未安者令安，未涅槃者令得涅槃」，如使長短大小種種草木，悉以一雨普潤而「各得生長」。

如來出世說法，如大雲遍覆，如天降甘霖，一雨普潤一切草木，各得其益；又說佛陀說法，一相一味，普潤一切眾生，皆蒙其利。大小根機雖殊，如來說法的悲心則一，都是為使眾生得度、得解、得涅槃。

只要得到佛法就是有用的，即使是聽大乘法而只得到人天善法的受用也很好，雖然不能解脫，不能成佛，至少得到人天善果。雖說人天乘乃至小果聲聞、緣覺都不究竟，但也肯定人天善法是成佛的基礎，稱為五乘共法，小乘則是三乘共法，唯最後一切法都是會歸向佛法，這才是本經所說真正的大乘法。

正人說法，能使邪法變為正法；邪人說法，就是正法也會變成邪法。所以站在正法的立場來說，一切法都是佛法；但若是站在外道的立場，即使說的是佛法的名相，終究也變成外道邪法。

如來說法，「如彼大雲雨，於一切卉木叢林，及諸藥草，如其種性，具足蒙潤，各得生長。如來說法，一相一味，所謂解脫相、離相、滅相，究竟至於一切種智。」「眾生住於種種之地，唯有如來，如實見之，明了無礙。」

有許多的花卉樹木生長在一起的地方叫作「叢林」，能夠治病療瘡的植物叫作藥草。這段經文是說，如來說法就像前述經文說的「普遍世界」，就像瀰天覆地的大雲一樣，能夠蔭覆一切眾生，等降甘露法雨。如果只是小小一朵雲，下的雨太少了，蔭覆不了幾個人，滋潤不到多少草木。大雲，才能普遍地蔭覆，全面地施潤，使一切大小植物隨著它們各自不同的品種根性，都能得到利益而成長。這是用以譬喻佛陀說出本經，眾生都有機會成佛。

在《四分律》卷三十九有這麼一個故事：耆婆童子在得叉尸羅國的名醫賓迦羅

之處學醫了七年，有一次他的師父故意考驗他，給他一筐一鍬，命他於該國面積的一由旬內，挖掘摘取「不能做藥的草」回來。耆婆在全境尋尋覓覓，「周竟不得非是藥者」，最後還是拿著空筐子回來。因其所見一切草木，都能分辨其用處，竟無一物不能入藥。

「老師啊，我走遍了整個一由旬地，就是沒有看到不能做藥的草，我實在是找不到！」他很沮喪地告訴他的師父。沒想到師父卻說：「很好！你已經畢業，你可以走了！」

由此可知，任何草木都可以做藥，也可以說，任何眾生都可能成佛。雖然眾生中有很多人就像不起眼的小草，他們自己本身不知道能不能做藥，普通人也認定他們不是做藥的材料。但佛是醫中之王，通識一切植物的藥用功能，所以他看到的一切草木都是藥材；佛是諸法之王，他看到的一切眾生都是將來的佛，只不過現在他們本身的根器不夠，所以得到的利益有大有小。

如來所說「一相一味」的究竟法，即是「解脫相、離相、滅相」，而使得眾生都能獲得佛的「一切種智」。也即是《心經》所說的「是諸法空相」。此乃逐層否定了一切相，而說明了一相一味的教法是什麼。

所謂「解脫相」，是從煩惱生死得自在，不再受煩惱生死所困擾。不戀生死，不厭生死，不生不滅的大涅槃相，便是一相的解脫相。

「離相」就是不執一切法相，既離有相，也離空相，實相即是無相，也離《金剛經》所說的四相：「我相、人相、眾生相、壽者相」，也離十法界的十如是相，故亦名為「滅相」，就是一實相。至究竟處，便得如來的「一切種智」。

太虛大師在其《法華經講演錄》中對於這段經文的解釋，是採用唯識學的立場：「一相，即一真如相。一味，即一無漏味。」因解脫煩惱障而顯之真如相，名解脫相；因離所知障而顯之真如相，為離相；因滅除二種生死而顯之真如相，為滅相。窺基大師的《法華玄贊》卷七云：「大般若七十三說，諸法皆同一相，所謂無相。」「一味者一無漏味，勝資益味，無別體故。」一相一味，即是無相的解脫味。

如來所說諸法，究竟不離涅槃智性。所謂未成佛前有佛可成，成佛以後是沒有佛可執的。還沒成佛的眾生要發願成佛，在修習成佛之道的過程中，五乘佛法各有法相，成佛的當下則得大自在大解脫，離一切相，滅一切相，稱為究竟寂滅。若是還執著有個佛的因相及果相，便是尚未成佛。然於尚未成佛的眾生根性，唯有如來，如實而知，亦給與如實的引導。

偈云：「我觀一切，普皆平等。」又偈：「恆為一切，平等說法，如為一人，眾多亦然。」

又偈：「佛平等說，如一味雨，隨眾生性，所受不同，如彼草木，所稟各異。佛以此喻，方便開示，種種言辭，演說一法。」

這是說，佛說一味法，對一切眾生都是平等的。為一人說法是如此，為眾多人說法也是如此，均以平等心為每一個眾生平等說法。

所謂平等說法，乃如以一味雨，普潤眾生，眾生可以有不同的生性，不同的喜愛，正像叢林中的草木一般，有大有小，有高有矮，各各不同，但是天降的雨水是平等普施的。一切卉草樹木，同霑一味的雨水，不論得多得少，雨水就是雨水。因此佛陀說法，但教菩薩法，雖有二乘、三乘不同根機的眾生，獲得法益有深淺多少，法味卻只有一味。若能體會到世尊說法的大悲願心，不論是二乘人或三乘人，都會很容易迴小向大，會三乘法歸一佛乘了。

六、授記品——四大聲聞，授記作佛

「授記」就是預告某一個人將在何時成佛，佛號是什麼，國土為何，介紹此佛國土中有多少眾生會在哪個時候當機得度，清清楚楚地講明，這就叫作「授記」。

曾經有一位居士告訴我：「法師，你是八地菩薩。」讓我覺得很驚奇，我自知是凡夫，怎麼可能是八地菩薩。於是我就問他：「你為我授記，那你是第幾地呢？」他說他是依據我的著作，看出我的智慧，猶似馬鳴、龍樹；人說馬鳴及龍樹是八地菩薩，所以他判斷我也是八地菩薩。其實我有自知，不過是個凡夫。

不過《涅槃經》卷二十七云：「一切眾生悉有佛性，如來常住無有變易。」不論是誰，凡是有情眾生，將來均有成佛的可能。在《法華經》第二十品中，出現一位「常不輕菩薩」，經常見了人就禮拜，並且口稱：「我深敬汝等，不敢輕慢，所以者何？汝等皆行菩薩道，當得作佛。」這樣的授記法，也沒有錯，他不是自以為佛而為人授記，他是鼓勵他人行菩薩道，當得作佛。由造成佛因而致成佛果，確為大乘佛法的共通信念。

在〈授記品〉中，佛為四大聲聞授記作佛。四大聲聞聽了前述佛說的「火宅喻」、「三車一車喻」，接著自己說了「長者窮子喻」，又聽完佛說的「三草二木喻」之後，佛便為他們各各授記，他們的名號是：

（一）摩訶迦葉：未來作佛，名「光明如來」。佛壽十二小劫，正法住世二十小劫，像法亦住二十小劫。

（二）須菩提：當來作佛，名「名相如來」。佛壽十二小劫，正法住世二十小劫，像法亦住二十小劫。

（三）大迦旃延：未來作佛，名「閻浮那提金光如來」。佛壽十二小劫，正法住世二十小劫，像法亦住二十小劫。

（四）目犍連：當來成佛，名「多摩羅跋栴檀香如來」。佛壽二十四小劫，正法住世四十小劫，像法亦住四十小劫。

國土名稱以及成佛時間等內容，《法華經》裡都有詳細記載。四大聲聞至成佛為止，所要供養諸佛數量，第一及第二位當供養三百萬億及三百萬億那由他數佛，第三位供養二萬八千億諸佛，第四位供養二百萬億加八千諸佛。可知他們雖已得到釋迦世尊授記作佛，卻不是速疾成就。

第一位在供養諸佛的過程中，必須「廣宣諸佛無量大法」。第二位必須「常修梵行，具菩薩道」。第三位必須於每一尊佛滅度之後「各起塔廟，高千由旬，縱廣正等五百由旬」，以七寶合成，並用瓔珞、諸香、繒蓋、幢幡，供養塔廟，然後具菩薩道。第四位於諸佛滅後，「各起塔廟，高千由旬，縱廣正等五百由旬」，以七寶合成，眾華、瓔珞、諸香、繒蓋、幢幡供養。

以此可見，若要成佛，必當先要供養諸佛，廣宣大法，起佛塔廟，供養佛塔，具菩薩道，常修梵行。雖然未如《大毘婆沙論》所說，經過三祇百劫的因地修行，方成佛道，但也說明了大阿羅漢，迴小乘入大乘，在解脫道上縱有成就，菩薩道上仍得長劫勤修。

在這四大聲聞成佛之時，「國界嚴飾，無諸穢惡、瓦礫荊棘、便利不淨，其土平正，無有高下、坑坎堆阜，琉璃為地，寶樹行列，黃金為繩，以界道側，散諸寶華，周遍清淨」。此類依報莊嚴，凡是佛國淨土，大約大同小異，唯有釋迦世尊，選此娑婆世界為其成佛的國土，利益五濁惡世中的我們這些眾生，我們豈能不對世尊特別感恩？

四大聲聞成佛之時，他們的佛土之中，所住正報莊嚴，都是無量無數的菩薩、聲聞，亦有諸天天人，而無四種惡道眾生，縱有魔王及魔民，皆護佛法而無魔事。此亦與西方彌陀淨土，很有類似之處。

七、化城喻品——二乘涅槃，如入化城

四大聲聞聽了前述的譬喻之後，便心開意解，能夠領受佛法，知道自己就是佛的法王之子。但是尚有很多眾生未能悟道，所以佛又為這些人說「化城喻」。

化城，是譬喻二乘人的涅槃，因為如來知道，聲聞、緣覺畏懼成佛之道的旅途遙遠而停止不前，所以先說二乘法，幫助他們先證如化城似的二乘涅槃，當他們入了化城，略事休息，便告訴他們，此非究竟，尚須前往成佛的涅槃大城。

本經的迹門，如來共有「三周說法」，分別是：前已述及「法說」的〈方便品〉，度了上根聲聞舍利弗一人；「譬說」的〈譬喻品〉至〈藥草喻品〉，度了中根聲聞的摩訶迦葉等四人；後續尚有「因緣說」，將度下根聲聞的富樓那等五百弟子，授記作佛。

「佛告諸比丘，乃往過去，無量無邊不可思議阿僧祇劫，爾時有佛，名大通智勝如來，」「彼佛滅度已來，甚大久遠，譬如三千大千世界，所有地種，假使有人，磨以為墨，過於東方千國土，乃下一點，大如微塵，又過千國土，復下一點，如是展轉，盡地種墨。」「是人所經國土，若點不點，盡末為塵，一塵一劫，彼佛滅度已來，復過是數。」

此段經文，是在介紹大通智勝如來，乃是過往久遠劫數之前，已經滅度，因為無法以人間的算數計量說明，只好以三千大千世界微塵點劫形容，復以微塵點數的千國微塵為其劫數，其每一國土均係一個三千大千世界，故其滅度以來，真是距今「甚大久遠」了。

一個三千大千世界，即以須彌山為中心的範圍，大約一個恆星系為一個小世界，地球僅是一個小世界中的一個小行星。一千個小世界稱為小千世界；一千個小千世界稱為中千世界，等於是百萬個小世界；一千個中千世界稱為大千世界，等於是十億個小世界。因為有小千、中千、大千三個千，「千」了三次，所以又叫作三千大千世界，實際上就是一個大千世界，也就是一個佛國土。

把三千大千世界所有的地種都磨成墨，再向東方走，每過一千個國土點一點像微塵那麼大的墨，直到這地種磨成的墨通通點完。所有經過的國土土地，不管有沒有點到，都把它碎為微塵，每一塵相當於一劫，這就叫作「無量無數塵點劫」。有一古佛名為大通智勝如來，滅度以來所經的時間，比無量無數的微塵點劫還要長遠。

彼佛「壽五百四十萬億那由他劫。」「其佛未出家時，有十六子，……聞父得成阿耨多羅三藐三菩提，皆捨所珍，往詣佛所。」「爾時十六王子偈讚佛已，勸請世尊，轉於法輪。」

這尊佛在未出家之前一共生有十六位王子，後來聽說他們的父王已經成佛了，所以都來道場親近、供養、讚歎，並請這位大通智勝如來說法。

「轉法輪」的意思就是說法。法輪的符號是一個車輪，共有八輻，代表八正道。印度傳說中有轉輪聖王持輪寶，輪寶在空中轉動，轉輪聖王不論到何處，輪寶就好像先鋒部隊一樣，一定在空中做為前導。輪王亦升在空中隨於輪寶之後，任何國家的軍隊看到輪寶，皆自動棄械投降，根本沒有打仗的意願，因為輪寶的威力強大，就好像是一人拿小刀，另一人拿的是輕機關槍，武力的強弱懸殊實在太大了，拿小刀的人根本沒有機會靠近，遠遠地就被持機槍者擊倒了，倒不如乾脆豎起雙手投降。

佛也就像輪寶一樣，無邪不摧，無魔能敵，所到之處，一切天魔外道邪說都會不戰而自降。《大智度論》卷二十五云：「佛轉法輪，如轉輪聖王轉寶輪……遇佛法輪，一切邪見疑悔災害，皆悉消滅。王以是輪治四天下，佛以法輪治一切世間天及人。」

或許有人會問：「佛法既然這麼強，這麼了不起，為什麼現在還有各種邪見盛行？」

要知道，佛法降的不是心外的邪魔，主要是降心內的諸魔；不是降心外的邪，而是降內心的邪。只要任何一人接受佛法，佛法就能使我們去邪歸正，去魔向道，受佛的教化，得到佛法的利益。有佛正法住世的時地，就等於是法輪所到之時空，你接受了佛法，也就接受了法輪，有了法輪，在你心中的邪魔就無所遁形。

「爾時東方五百萬億諸國土中，梵天宮殿，光明照曜，倍於常明。」

「爾時五百萬億國土，諸梵天王，與宮殿俱，各以衣裓，盛諸天華，共詣西方，推尋是相，見大通智勝如來，處於道場。」「及見十六王子，請佛轉法輪。即時諸梵天王，頭面禮佛，繞百千匝，即以天華而散佛上。」「爾時諸梵天王，偈讚佛已，各作是言：唯願世尊轉於法輪，度脫眾生，開涅槃道。」如是復有東南方五百萬億國土諸梵天王，南方、西南方，乃至下方、上方各有「五百萬億諸梵天王，與宮殿俱」，來詣大通智勝如來道場，請轉法輪。

以上這段經文相當長，都是敘述十方各有五百萬億國土，之中各各都有一位梵天王，見到大通智勝如來成道之時的放光動地，聚在一處，共議此事，同赴大通智勝如來道場，同見十六王子，請佛轉法輪，十方雲集而至的無數諸梵天王，各各供養讚歎，請轉法輪。

據傳說梵天王篤信佛法，每逢有佛出世成道，均由梵天王初請如來轉法輪，世尊成道時，僅一位娑婆世界之主尸棄梵王來請轉法輪，而此大通智勝如來成佛之時，竟有十方各各五百萬億諸梵天王，前往請轉法輪，以之襯托出這位如來不同於其他諸佛。釋迦世尊亦即當時彼佛的第十六王子，以彼殊勝因緣，故而特為介紹。

「爾時大通智勝如來，受十方諸梵天王及十六王子請，即時三轉十二行法輪。」「是苦、是苦集、是苦滅、是苦滅道，及廣說十二因緣法。」

這是彼佛受諸梵天王及十六王子請，即循諸佛初成道時，最初說法的慣例，先簡說四聖諦及廣說十二因緣。

四諦中的「苦」是我們受的果報，是在三界火宅之中所受的種種折磨；「苦集」是造業，是苦的因。如果不怕未來會受苦報，為圖短暫的快樂方便，及眼前的一己私利，便為非作歹，無惡不作，這就是眾苦之本；「苦滅」是不造集苦的因，就不會有受苦的果報；「苦滅道」是因大家希望離苦而能自在、得解脫，那就必須要修苦滅之道，基礎的滅苦法，就是八正道。

十二因緣，在我的《心經講記》一書中有很詳細的說明，下面再簡單地解釋一下：十二因緣就是從前一生到這一生，再從這一生到未來的十二個過程，每一個過程叫作一個因緣關係。在過去生有「無明、行、識」三種，這一生則有「名色、六入、觸、受、愛、取、有」，有了這些因緣就有未來的「生、老死」，這就是「三世十二因緣」。也就是在過去世、現在世、未來世中，有情眾生生命的流轉現象，無明緣行，行緣識，乃至生緣老死，便是憂悲苦惱的生死流轉。若以修道而得無明滅則行滅，行滅則識滅，乃至生滅則老死憂悲苦惱滅，便是生死的還滅而證涅槃。

「十六王子，皆以童子，出家而為沙彌。」「彼佛受沙彌請，過二萬劫已，乃於四眾之中，說是大乘經，名妙法蓮華、教菩薩法、佛所護念。」十六菩薩沙彌皆悉信受。嗣後各陞法座，各為四眾廣說《妙法華經》，「一一皆度六百萬億那由他恆河沙等眾生，示教利喜，令發阿耨多羅三藐三菩提心。」

大通智勝如來的十六個王子，都是沒有結婚就出家了，這叫作「童子出家」。能這樣最好，到我那個時代為止的中國出家人，多半是如此，這在過去的農村社會比較容易，現在工商業社會就困難多了。

這段的意思是：經過兩萬劫，彼佛說了一部大乘經，名為《妙法蓮華・教菩薩法・佛所護念》，經名很長，這就是《法華經》的全名。

十六個王子出家為沙彌之後，大通智勝如來受彼十六沙彌之請，又經過兩萬劫，才說《法華經》，而「於八千劫，未曾休廢」。接著入定八萬四千劫，十六菩薩沙彌便代佛說法八萬四千劫。可見那個佛國淨土的人民非常長壽，不像娑婆世界的人民生命那麼危脆，那麼短暫。

十六沙彌信受了《法華經》，發了無上菩提願，就叫作菩薩沙彌。由於大通智勝如來入了靜室，住於禪定，這十六位菩薩沙彌，便代佛弘化，每個人也都各陞法座，各為四眾廣說《妙法華經》，分別度脫無數的眾生，讓他們都發成佛的心。

佛言「我今語汝，彼佛弟子十六沙彌，今皆得阿耨多羅三藐三菩提，於十方國土，現在說法，……第十六我釋迦牟尼佛，於娑婆國土，成阿耨多羅三藐三菩提。」

釋迦牟尼佛就告訴在此法華會上的所有聽眾，那尊佛的十六個王子，出家成為菩薩沙彌，現在都已經成佛了，而且在十方世界說法，其中包括東方的阿閦佛、西方的彌陀佛，第十六位就是釋迦牟尼佛，於娑婆國土成阿耨多羅三藐三菩提。從《法華經》來看，釋迦牟尼佛在相當久遠前就已經發了菩提心，而且他的爸爸就是佛，就像釋迦牟尼佛的兒子羅睺羅一樣，當時的十六沙彌全都像羅睺羅那般地福德具足。

成佛實在很不容易，釋迦牟尼佛經歷無量無數大千世界的微塵點劫才成佛，時間如此久遠，許多人看到這段經文，想到要經過這麼長的時間，實在是很辛苦，就退心不想成佛了，因此前面便有五千增上慢人離席。然於〈方便品〉中說：「乃至童子戲，聚沙為佛塔，如是諸人等，皆已成佛道。」「或以歡喜心，歌唄頌佛德，乃至一小音，皆已成佛道。」又在〈壽量品〉中說：「我實成佛已來，無量無邊百千萬億那由他劫」了。

世尊於彼佛座下為沙彌時，教化無量眾生，「于今有住聲聞地者，我常教化阿耨多羅三藐三菩提，是諸人等，應以是法，漸入佛道。」

在釋迦牟尼佛做大通智勝如來座下的第十六沙彌時，便開始講說《妙法蓮華經》，教化了無量無邊眾生，但是到現在為止，其中還有不少人是處於小乘的聲聞地位。世尊也常常教導這些人當發成等正覺的大菩提願，他們也應該由於聽到這部《妙法蓮華經》而漸漸地進入佛道。這批尚在聲聞地位的人，事實上就是下面〈五百弟子受記品〉中即將出現的五百羅漢。

「諸比丘，若如來自知涅槃時到，眾又清淨，信解堅固，了達空法，深入禪定，便集諸菩薩及聲聞眾，為說是經。世間無有二乘而得滅度，唯一佛乘，得滅度耳。」

此段經文是說：諸比丘，當如來自知涅槃的時候到了，他的弟子群眾增上慢人都已退席，現在所有都是梵行清淨的樂法之眾，而且信解堅固，了達佛法的空義，並且都得甚深的禪定。這表明此時的世尊座前所有大眾，均已具足信、戒、定、慧的四種增上。因此召集了諸菩薩眾及聲聞眾，為說這部《法華經》，使之知道世間沒有二乘法可得滅度，若求滅度，唯有一佛乘法。

滅度的梵文即是涅槃（nirvāṇa），大乘及小乘各有有餘涅槃及無餘涅槃兩種，唯其意義各異。《涅槃經》卷二十九云「滅生死故名為滅度」，也就是滅生死因而度生死海。小乘的涅槃並不究竟，唯有成佛始能真正滅度。

「如來方便，深入眾生之性，如其志樂小法，深著五欲，為是等故，說於涅槃。是人若聞則便信受。」

這段經文，是追說如來先以方便說三乘法的原因。如來在說《法華經》之前，的確也說了四諦十二因緣的聲聞法，那是因為如來深切地了解到眾生有各種不同的根性，有些人深著五欲，為使這些人離欲，在開始誘導他們進入佛法時，就先說了小乘的聲聞法，並謂二乘亦證解脫涅槃，這麼一說，他們就會相信和接受了。

志樂小法，是佛知道許多眾生由於根性使然，就只喜歡小而易成的法門，其中有些人是小乘根性，有些人則還是「深著五欲」的一般凡夫，世尊即以二乘涅槃的解脫之樂，來誘使貪欲的凡夫及二乘根性的聲聞，同修二乘法，同證二乘涅槃。到了法華會上，世尊便以自身即將涅槃，終於向大眾宣布，二乘法非究竟，唯一佛乘才究竟。

縱然如此說，下根聲聞，還是聽不太懂，接著佛便再以「化城」做譬喻。

有一導師，將導眾人，通過五百由旬之險道，即至寶處，可獲大珍寶。行過三百由旬，眾皆疲極而復怖畏，心生退還。導師即化作一城，令眾入城，快得安隱。「若能前至寶所，亦可得去。」

「化城喻」的大意是：有一個行商團的團長，是這條通商道上的識途老馬，他熟悉行商路程中的各種狀況。他帶了大隊人馬，到某個充滿財寶的地方去尋寶，因為路途遙遠，所以跟隨他的人走到半途已經精疲力竭，往前走不動了，並且多想退還原路回家。於是這位團長就以權巧變化出一個城池，讓這些疲倦不堪的旅客進城休息，城中衣食住行以及育樂設施樣樣齊備，這個城市的四邊有牆，能避免城中的人受到強盜、敵人、土匪的侵略。既然快樂又安全，他們就在那裡養精蓄銳，安穩地休息了一陣子，同時他還告訴大家：「今天先在此城休息，等大家的精神恢復了以後，如果能前往寶所取寶，還可以繼續未完的旅程；若不打算往前走，那麼就在這裡繼續休息幾天也可以。」這個「化城」就是譬喻小乘的涅槃。

「於是眾人，前入化城，生已度想，生安隱想。爾時導師，知此人眾，既得止息，無復疲惓，即滅化城。語眾人言：汝等去來，寶處在近，向者大城，我所化作，為止息耳。」

在城裡休息以後，大家都覺得這個地方真好，以為已經到了目的地便不想走了。那位擔任團長的導師卻說：「唉！你們雖然覺得這個地方很安全舒適，但這是我用神通變現出來，不是真實的，收了神通，化城就不見了！你們要知道，我們要到達滿是寶物的地方才是最後的目的地，真正的寶處，還要再往前走二百由旬，就快近了。大家若是休息夠了，不再感到疲倦，就要振作精神，繼續往前行吧！」

「如來亦復如是，今為汝等作大導師，知諸生死煩惱惡道，險難長遠，應去應度。若眾生但聞一佛乘者，則不欲見佛，不欲親近，便作是念，佛道長遠，久受懃苦，乃可得成。佛知是心怯弱下劣，以方便力，而於中道，為止息故，說二涅槃。若眾生住於二地，如來爾時即便為說：汝等所作未辦，汝所住地，近於佛慧。當觀察籌量，所得涅槃，非真實也。」

經文中的「二涅槃」是二乘涅槃，「二地」是二乘地，指聲聞、緣覺。佛告訴他們所得的涅槃不是真的，要好好地注意、考察一下。佛說《法華經》的目的就是要一步一步、漸漸地讓眾生知道：二乘法是有用的，但並不究竟，那只是為了膽怯、根劣、貪便宜、怕艱難、想走近路的人方便說的。二乘人所得的涅槃，並不真實，那就像是一座由魔術師幻化出來的城池一樣，看來暫時有，究其實則無。

世界上願意找近路走的人很多，例如金光黨就是看準人們貪小便宜的心理而使人上當，但是釋迦牟尼佛不是叫人家上當，他只是使人暫時有個歇腳處，然後再繼續往前走。這對一般的眾生來說，真是一針見血，因為眾生都是好吃懶做、好逸惡勞，都是怕困難而圖容易，而真正的成佛之道，卻得經過長遠時間的難行能行、難忍能忍、難捨能捨，才能達成，這無量劫的時間對眾生而言實在太久了，所以佛才會先說二乘法。

不知道各位有沒有這種經驗？當你讀一本小說讀到入迷時，一看大半天，直到家人叫你吃飯，你才恍然察覺已經過了好幾個小時，但是感覺上你才剛開始看而已，在不知不覺中時間很快就過去了。還有，一般人因為惡夢連連，就會覺得時間很長，如果一夜無夢，醒來時便會覺得：「才睡而已，怎麼一睜開眼就天亮了？」

所以不要害怕時間長，當你的煩惱心愈來愈少，而智慧心、慈悲心愈來愈深的時候，時間對你來說就會愈來愈短，這時，數十年如一日。所以，發了無上菩提心的人，日子過得很快，凡事不擔心；與此相反的，煩惱重的人就會感覺度日如年，那可就難過透了！

眾生在五濁惡世、在種種煩惱苦難之中，所經驗到的時間的確是很長，如果經常不忘發菩提心，修菩薩行，不為一己之私利而與他人勾心鬥角，那麼就會「不知老之將至」，不再有時間長短的問題了。由此可知，修行菩薩道，無量劫成佛，從小心眼的二乘及凡夫看是太長了，但由菩薩道的實踐者來看，卻不會覺得太長而等不及。

此品的品名為「化城喻」，在三周說法中似乎仍屬「譬說」。不過在此品開始就敘述了大通智勝如來及其十六王子出家為沙彌的故事，又說了第十六沙彌即是現在釋迦牟尼佛的前身，當時已為無量眾生說了《法華經》，雖然多數已發了阿耨多羅三藐三菩提心，尚有一些於今還住在聲聞地的，那便是下一品中的五百弟子等。這一段則是三周說法中的「因緣說」了。

八、五百弟子受記品——羅漢受記，衣裏寶珠

聽了「法說」、「譬喻說」、「因緣說」之後，有五百下根的聲聞，以富樓那尊者為首，皆得佛授記，未來必定成佛。

這五百位雖名為下根，依據本品對於為首的富樓那彌多羅尼子所做的介紹，不僅在世尊諸弟子中說法第一，「自捨如來，無能盡其言論之辯」，並已於過去九十億佛所，「說法人中，亦最第一」，已得四無礙智，具足菩薩神通之力，彼佛世人，都說他是聲聞，其實他已經教化無量阿僧祇人，令立阿耨多羅三藐三菩提。亦於未來護持助宣無量無邊諸佛之法，教化無量眾生，令立阿耨多羅三藐三菩提。故在今後再過無量阿僧祇劫，當於此土成佛，以恆河沙等三千大千世界為一佛土。由此可知，富樓那只是方便示現聲聞相，實是已經親近無量諸佛的大菩薩，已與無量眾生結過大乘的法緣。

富樓那「當於此土得阿耨多羅三藐三菩提，號曰法明如來，……其佛以恆河沙等三千大千世界為一佛土，七寶為地，地平如掌，無有山陵谿澗溝壑，七寶臺觀，充滿其中，諸天宮殿，近處虛空，人天交接，兩得相見，無諸惡道，亦無女人，一切眾生，皆以化生，無有婬欲，得大神通，身出光明，飛行自在，……其國眾生，常以二食，一者法喜食，二者禪悅食。有無量阿僧祇千萬億那由他諸菩薩眾，……其聲聞眾，算數校計，所不能知。……國名善淨，其佛壽命無量阿僧祇劫。」

這是《法華經》裡非常有名的一段經文。

富樓那成佛後的名號為「法明」，像恆河沙那麼多的三千大千世界，都是他一尊佛所化的佛國淨土，這比起釋迦牟尼佛的所化國土只有一個三千大千世界，那是大得太多了。一尊佛何以能在這麼大的空間之內教化眾生？釋迦世尊的報身，雖然不動本處，但其化身卻有千百億個；未來的「法明如來」縱以恆河沙同等數量的三千大千世界，為其一個佛土的範圍，當亦可用恆河沙同等數量的佛身，來教化各處的眾生。

接下來看看這個佛國淨土內的情形：

「七寶為地」，七寶在本經〈授記品〉中所列是金、銀、琉璃、車渠、珍珠、瑪瑙、玫瑰。在諸經典中所舉七寶的項目沒有一定，《大智度論》卷十及《阿彌陀經》的七寶是金、銀、毘琉璃、頗梨、車渠、瑪瑙、赤真珠。另外有一種梵文名vajra的金剛，是出於金中之最的精牢，無堅不摧，乃寶中之上寶。加起來應該有八寶、九寶，不過佛經裡還是以「七」為準，當時的印度社會是以「七寶」來總稱一切寶物。「七寶為地」是指由所有寶物堆成的土地。

「地平如掌」，地球表面高低不平，山嶺丘壑，對於人類，往往窒礙難行，今日的陸空交通雖極便利，一旦遇到天然的各種災難，依舊寸步難行。不像佛國淨土，固無天災，土地亦極平正，所以到處都是無障礙境。

「無有山陵谿澗溝壑」，由地平面向上隆起的地形中，高高低低，高者為山嶽，低者為丘陵。由地平面向下窪陷的地形，坑坑凹凹，山間的谷地有水流動者為谿澗，平地的凹處有水經過者稱為溝壑。佛國淨土，地平如掌，浩浩然全是一片無垠的平疇。

說到這裡，可能會有人擔心：「這個地方沒有山也沒有水，那飲水、清潔怎麼辦？」到了佛國就是蓮花化生了，既無父母所生的肉身，還需要擔心飲水、洗澡嗎？倒是將來我們這個地球的水資源愈來愈少，麻煩就大了。因此大家在未往生佛國之前，必須知福惜福，珍惜水資源，同時也要發願往生佛國，成就淨業，成熟眾生。

以上是講的彼佛國土的環境莊嚴，接下來說明彼佛國土的居處莊嚴。

「七寶臺觀，充滿其中」，凡夫欲界天人的宮殿，是可以隨著身體所往所在之處，稱意移動的。佛國淨土的居處莊嚴，不但不會占有固定地面空間，而且不會像人間蓋房屋，需要土地使用權或所有權，一旦人口太多，地上充滿房子，就很糟糕。佛國淨土中的建築物是浮在空中，彼此不占空間位置，到處都是七寶臺觀，隨著所有人的行止而移動。在佛國裡所見到的一切，都是由於因中所修無漏的布施波羅蜜等功德福報所感，有多大的福報，自然而然就會在多大的環境、多莊嚴的樓閣裡。

諸位參觀過日本京都的金閣寺嗎？它的背景是山，整個建築物就在水面上，從遠處看就像是浮在水面的樓閣一樣。大陸五台山也有一個金閣寺，從山下遠望，也像是浮在空中一般。這兩座寺院，一個浮在水面，一個浮在空中，看似人間仙境，都是以它的背景和當地環境襯托出來的，當然還是沒有佛國淨土的百千億萬分之一好。淨土中的七寶臺觀，都是浮在無漏的空中，已在三界之外，豈怕地震，又哪來火水風的三災？

「諸天宮殿，近處虛空」，諸天還沒有出三界，天人仍是三界裡的眾生，還是凡夫。那麼，佛國裡怎麼會有天人呢？可有兩種解釋：1.諸天的天王天子及其扈從，都是菩薩變現，例如《維摩經》中在丈室散花的天女就是大菩薩，諸大菩薩相就是天人相，因此諸天宮殿實際上就是菩薩宮殿，只是外表看起來像欲界的天宮一般。2.這些諸天宮殿確在欲界範圍，人間凡夫的肉眼，雖看不到天上的宮殿，而在這佛國淨土的三乘聖眾，由於福報所致，五眼六通所見，十方一切諸天的宮殿，看來就如近處的依報莊嚴。

「人天交接，兩得相見」，表面上看起來地上有凡人，空中有天神，但不論是在地面或住空中的，都不是凡夫，都是神通自在的聖者，所以能夠互相往來，彼此相見。不像我們此界的凡夫，不但無法與天上的天神交接往來，連看也看不到。

鳩摩羅什在翻譯這兩句話時非常頭痛，照梵文的原文是「諸天也能見到凡人，凡人也能見到諸天」。不是翻得太長就是意思不全，怎麼都不對，其他人也想不出更好的意見。後來僧肇建議用「人天交接，兩得相見」這兩句話，才博得大家的讚許，解決了問題。僅僅用簡單明瞭的八個字，實在了不起，為譯經史上留下一段佳話。

「無諸惡道，亦無女人」，眾生有六道，分成三善道及三惡道，三善道是天、人、阿修羅（神的一種），三惡道是畜生、餓鬼、地獄。其實畜生這個名詞並不恰當，應當翻成異生、傍生較為適合，可是如此一來，一般人就聽不懂了。本經以為，只有人天二道是善趣，故在佛國淨土中只有人天，沒有阿修羅、地獄、鬼、畜。

一般而言，諸佛淨土中的聖者們，不論菩薩聖眾或聲聞聖眾之中，不僅無女人亦無男人，乃是中性的聖者。即使在《阿閦佛國經》中，雖有男人及女人形相，亦不行男女之欲事。

「一切眾生，皆以化生」，諸佛淨土的眾生，多係化生。在我們這個世界，有情眾生的產生，分成胎生、卵生、濕生、化生四種，總名為「四生」，梵語 caturyoni。

胎生 jarāyu-ja，是指一般的常人以及較高等的動物如：象、馬、牛、羊、豬、狗、鹿、貓、鼠、鯨魚等，均在母胎中懷孕成形後，由產道出生。

卵生 aṇḍa-ja，包括鳥類、爬蟲類、魚類，以及若干昆蟲類等，有的由母體產蛋有殼，有的無殼為卵子，出了母體後，才孵育成形，離殼去皮而為新的生命。

濕生 saṃsveda-ja，是指微小的微生物，依濕處的物質受形為生命，最原始的單細胞生物是靠濕氣的成分，由母體分裂而生，也有若干類生命是不需母體，而僅依濕氣或水分滋潤的物質而生。

化生 upapāduka，為無所依託，唯依業力，忽然而生，例如諸天、鬼神、地獄、劫初的眾生，皆為化生，包括人類也是從光音天下降地球，化生而成。

依佛經所說，五趣之中的畜生趣，當然四生全具；人趣固以胎生為常理，卻也有卵生、濕生、化生的特例；鬼趣以化生為常理，也有胎生的特例。地獄及諸天皆為化生。

佛國淨土的諸佛菩薩，諸上善人，都是蓮花化生，是以信心及願力從此界死，即於彼土湧現出生，是因功德、智慧、福報而化現出來，這是依佛法修證而化生的。

在第三品中我們就講過「從佛口生」，為什麼會從佛的口裡出生？因為「從法化生，得佛法分」；聽聞佛法、如實修行而出現你的法身慧命，即是戒、定、慧、解脫、解脫知見的功德所成身。諸位聽聞佛法或讀佛經，如法信受奉行，而能生到佛國，也就是「從佛口生」，也就是「從法化生」。

「無有婬欲」，淫欲是根本煩惱中的最大煩惱，貪、瞋、無明，稱為三毒，貪欲為其首，淫欲乃是生死之根，故在大、小乘諸經論中，無不訶斥淫欲是禍患之淵、罪惡之藪。此界眾生，修梵行者，皆斷淫行，色界禪天即無淫事，生佛淨土，自無淫欲。

「得大神通」，神通有三種產生的途徑：生得、報得、修得。六種神通包括：天眼、天耳、他心、神足、宿命、漏盡。凡夫可得前五種，唯解脫的聖者得第六種的漏盡通。神通有小有大，凡夫小乘得小神通，唯大菩薩及佛果位得大神通。由於小神通仍屬有限有礙，故亦作不了準。唯有生到佛國，得大神通，便能自在無礙。

「其國眾生，常以二食，一者法喜食，二者禪悅食。」食，可分為世間食與出世間食兩種。

（一）世間食有四種：1.段食：是分分段段嚼碎而食者，以香、味、觸三者為體，通過口腔入腹，即是世間尋常一切食物。2.觸食：即是以六根觸六境生六識之可愛境而起喜樂感，以長養身心，例如眼喜美色、耳悅美音、身樂軟滑等。3.思食：即是由意識思好事而喜樂，資益六根，有享受感。4.識食：此係指地獄眾生及無色界的四無色定中眾生，雖不用前三種食，仍依意識及第八識資持生命。

（二）出世間食有五種：1.禪悅食：修行人，心不散亂昏沉，即得禪定之樂，能養諸根，故在禪定中人可以少食，乃至不食世間諸食。2.法喜食：修學佛法的人，聞法而生稀有歡喜心，以資慧命並養身心者。3.願食：修行之人，因發弘誓大願而資持身心，故能難行能行，堅固不退。4.念食：修行之人常念出世善根，持久不忘而資益慧命。5.解脫食：修行之人，終得解脫涅槃之樂，是為常樂真樂淨樂，而以之資養身心。

本經此處介紹未來法明如來的佛土眾生，常以法喜及禪悅二食資生慧命。不用「世間四食」，也未提「出世間食」的後面三種，乃由於五食是指正在世間從事修行佛法的人，當以五種出世間食為種無漏之因，已到佛國淨土的眾生，即以法喜、禪悅二食為常態，由此二食最能長養法身慧命之故。

其餘五百阿羅漢，未來成佛，同名普明。

優樓頻螺迦葉、伽耶迦葉、那提迦葉、迦留陀夷等五百位阿羅漢，這時候全被授記，將來都會成佛，成佛以後的名號都叫作「普明」。

五百阿羅漢得受記已，頭面禮佛足，悔過自責：「世尊，我等常作是念：自謂已得究竟滅度，今乃知之，如無智者。」

這五百羅漢此時非常自責，並且懺悔已往的無知，本來早就應該從釋迦世尊處得到了如來的大智慧，竟然自以為是，以小小的二乘智慧就滿足了。故請世尊慈悲，因為他們已經知道，過去常自認為已得究竟滅度的想法是錯的。若以他們過去所證的智慧與佛智相比，實在就等於無智慧一般。就像螢火蟲的光亮，一到太陽底下，就等於無光了。因此他們向如來自說了一則譬喻，以表明他們領悟了佛法，就像下面的「貧人衣珠喻」一樣。

曾有一人「至親友家，醉酒而臥，是時親友官事當行，以無價寶珠，繫其衣裡，與之而去。其人醉臥都不覺知，起已遊行，到於他國，為衣食故，勤力求索，甚大艱難，若少有所得，便以為足。」於後親友會遇見之，曉以衣繫寶珠，「貿易所須，常可如意，無所乏短。」

這個譬喻也像第四品中的「長者窮子喻」相同，不是佛說的，而彼喻是由須菩提及摩訶迦葉等四位弟子所說，此喻則是由五百位阿羅漢的代表所說。這五百羅漢因為彼此心都相通，所以我們可以相信他們真的是五百人一條心，帶頭講的是阿若憍陳如。

貧人衣珠喻是說，有一個窮人到他最親近、關係最密切的親友家裡，喝酒喝得酩酊大醉後就睡著了；剛好這位親友因為有緊急公事要往外地出差，但是他又不放心這睡著的親戚在家裡，怕他需要照顧，因此他把一顆無價的珠寶，裹著縫在他的衣服裡就走了（繫，縫的意思）。這個貧窮的人醒過來以後，見親戚不在了，就到處流浪成為乞丐，從一個地方到一個地方求衣求食，過著非常艱辛的生活。

經文譬喻中的這個人非常地窮，只要有一點點東西吃，有禦寒蔽體的衣服穿，他就滿足了。因為他窮，所以得少為足。後來他的有錢親戚又遇到他，看到他那麼窮，心想：「哎呀！這個人真可憐，怎麼沒用我給他的無價寶珠？」便告訴他：

「你醉臥在我家的時候，我送了你一樣東西，你怎麼不知道呢？」「我不知道，在哪裡啊？」這位親戚就從窮人的衣服裡取出寶珠來，窮人一看才知道這是真的，之前竟然毫無所知，於是一下子就變成了有錢人。

「醉酒而臥」是喻小乘人僅聞二乘法，便沉醉於偏空涅槃，認為已得大解脫。《法華經》就是針對那一些心量不大，得少為足的二乘人，為他們說佛的一乘大法，告訴他們人人都能成佛，為了成佛，人人都應該先發菩薩心，修菩薩道，自利利他，將來才能夠完成最高的佛果，進入究竟的大涅槃。

這就是之前在〈方便品〉中講到的開示悟入「佛之知見」。佛出現在這個世間，就是為了對眾生開示悟入佛之知見的無上大法，就像一顆無價的寶珠，一直都在眾生身上，只因為眾生全然不知，所以才需要佛陀降生人間，現身說法，為我們指點出來。

諸位要相信你自己心中有那顆無價的寶珠。如果摸到、見到而且也用到了，那就是開悟，入一相一味的大法。還沒有摸到也沒有關係，《法華經》在這裡指出，我們都有這顆寶珠，所以不要妄自菲薄，這與佛性思想是相呼應的。

「佛亦如是，為菩薩時，教化我等，令發一切智心，而尋廢忘，不知不覺。既得阿羅漢道，自謂滅度，資生艱難，得少為足。一切智願，猶在不失。今者世尊，覺悟我等。」

這段經文的意思是，富樓那等五百聲聞，申述佛在前面講過的往昔因緣，在大通智勝如來座下做菩薩沙彌時的釋迦世尊，就已跟這五百羅漢講過《法華經》，已教他們發了成佛的「一切智心」，嗣後竟然忘了，又變成不知該發無上菩提心，也覺察不到自己本應發起成佛的心。在此生中既得阿羅漢的道果，便自以為已得滅度，其實僅僅沾到涅槃的一點邊，由於得少為足，就很難再來資生唯一佛乘的大菩提心。所幸，往昔生中所發成佛的「一切智願」，猶未喪失，今蒙世尊，令之覺悟，真是感念無已。

九、授學無學人記品——有學無學，同成佛道

1. 佛為阿難授記，當來成佛，號山海慧自在通王如來。
2. 佛為羅睺羅授記，當來成佛，號蹈七寶華如來。
3. 佛為學無學二千人授記，當來成佛，同名寶相如來。

第九品非常簡單，是說法主釋迦世尊為阿難及羅睺羅等二千位學無學人授預定成佛的記莂。

此時的阿難為有學人的上首，羅睺羅為此二千人中無學人的上首，見到以上的諸大羅漢已受成佛的記莂，故亦起座禮佛，請求「我等於此，亦應有分」。

於是如來便為阿難授記，預記他在供養六十二億諸佛之後，便將成佛，號為山海慧自在通王如來、應供、正遍知、明行足、善逝、世間解、無上士、調御丈夫、天人師、佛、世尊，十號具足，教化二十千萬億恆河沙諸菩薩。成佛之時的國土名

常立勝幡，劫名妙音遍滿。這位山海慧自在通王如來的壽長無量千萬億阿僧祇劫，正法住世，倍於佛壽，像法住世，復倍正法。

為何阿難尊者於當來成佛之時，有如此福德壽命？本品中說，阿難與世尊於過去空王佛世，同時發了無上菩提心，而阿難常樂多聞，護持世尊說法，亦護將來諸佛法藏，世尊則常精進，是故世尊先成正覺，如今為阿難尊者授記。

接著世尊又為羅睺羅尊者授記，當來之世，成佛之時，號為蹈七寶華如來。當供養十世界微塵等數諸佛如來，常為諸佛作長子。成佛之時國土莊嚴，其佛壽命及所化弟子，正法、像法住世劫數，亦如山海慧自在通王如來，亦為山海慧自在通王如來作長子，嗣後成佛。

為羅睺羅尊者授記之後，世尊亦給其餘有學及無學兩千人預記，在供養五十世界微塵數諸佛之後，同時於十方國土中成佛，同名寶相如來，國土莊嚴，佛壽一劫，正法、像法，悉皆同等。

一般二乘人的觀念認為，只有釋迦及彌勒等菩薩能成佛，二乘的人，不管是初、二、三果的有學，乃至四果的無學，都不能成佛；可是《法華經》肯定所有一切根器的人都能成佛，因此在本品之中，釋迦佛就為兩千位學無學人授記。

阿難尊者是釋迦牟尼佛十大聲聞弟子之中的多聞第一，但是當佛涅槃的時候，他還未證阿羅漢果，所以尚是「學人」。像阿難這樣了不得的大弟子僅證小乘的三果，可是釋迦牟尼佛在法華會上就為他授記，說他將來能夠成佛。羅睺羅在釋迦牟尼佛涅槃以前，就已經證到阿羅漢，所以他是「無學人」的代表。其他還有兩千個人，其中有的已證到阿羅漢果，有的還沒有，釋迦牟尼佛全為他們授記。

到此第九品為止，佛已為舍利弗、須菩提、富樓那、阿難等二千五百零五位有學及無學的聲聞弟子授記作佛。

一〇、法師品——五種法師，供養說法

自本品至第十四〈安樂行品〉，為迹門的流通分。迹門的流通分，告訴我們如何弘揚、傳播以上所說的大法，內容非常充實。

法師品說明，佛在世時及佛滅度後，凡「聞妙法華經一偈一句，乃至一念隨喜者，我皆與授記，當得阿耨多羅三藐三菩提。」

前面數品，世尊一一為聲聞弟子們授成佛的記莂；對於尚未被佛點名的人，其實也都有分，所以在〈法師品〉中肯定所有聽到《法華經》，乃至僅僅一偈或一句的每一個人，不論有佛住世時或佛已滅度後，只要一念隨喜，將來也一定成佛。

所謂「佛住世」，是指佛的三十二相色身住世的時候。在兩千五百多年前的印度，釋迦牟尼佛誕生於王宮，然後出家、修道、成佛，嗣後說法度眾生的時段，名為佛住世時。到了八十歲，佛的色身衰老遷化了，稱為涅槃，又名滅度，或說入寂、入滅、圓寂，也就是得大圓滿的不生不滅。凡夫稱為「壽終死亡」，如來叫作「入滅」。

諸佛的最後身，雖然是功德身，也是果報身。因此釋迦牟尼佛在生住世的時候，也會肚子餓，也會背痛，也會遇到一些魔難，這是他的果報。只要是托胎化生，是父母所生的肉身，就是受報。

佛涅槃後，就再也不會受報，如果再來，是以神通化現，化現的佛身是臨時性的。很多高僧大德、比丘、比丘尼往生的時候，後人給他們一個很好聽的名詞叫「捨報圓寂」；其實還沒有到無漏、無學，只是一時捨了此生的果報，不應叫作圓寂。

〈法師品〉的經文很長，謹摘錄經中最精要的部分介紹如下：

次述聽聞《法華經》而受持、讀、誦、解說、書寫，稱為「五種法師」。

在經律聖典中，夠資格的沙門，均被尊稱為阿闍黎（ācārya），意譯為「師」，有教授、軌範、正行、應供養等意。在律部有教授阿闍黎、羯磨阿闍黎、受經阿闍黎、依止阿闍黎、出家阿闍黎等。在阿含部及律部，師的種類也不少，例如精於毘尼者為律師，長於禪定者為禪師，熟於讀經者為經師，優於議論者為論師，勝於說法者為法師。嫻於修持觀行的禪師亦名為瑜伽師，而中國明朝時代稱專以應付經懺佛事為生的世俗僧，亦名為瑜伽教的瑜伽師。

「法師」本為說法之人，以法為他人之師，自身則依法為師之意。《雜阿含經》卷一第二十六經云：「云何名為法師？……佛告比丘：若於色，說是生厭離，欲滅盡、寂靜法者，是名法師；若於受、想、行、識，說是生厭離，欲滅盡、寂靜法者，是名法師；是名如來所說法師。」也就是凡能說五蘊法而令生厭離心，願欲滅盡五蘊之身心而得涅槃寂靜的人，便名為法師。

以此可知，〈五百弟子受記品〉所說的富樓那尊者，「亦於七佛說法人中，而得第一」，世尊也說：「我常稱其於說法人中，最為第一。」故在《佛藏經》卷中的〈往古品〉也說：「富樓那亦於六佛法中而作法師，亦於我法作大法師。」《大般涅槃經》卷十八云：「以知法故，名大法師，以知義故，名大法師，……以知諸根利鈍中故，名大法師。」

在《法華經》本品及後面的〈法師功德品〉，則說有五種法師：凡是受持、讀、誦、解說、抄寫《法華經》的都是法師，甚至連畜生中的野干也稱法師，故也不限出家或者在家。現今的一般人，大概指會寫經或講經說法的人是法師，當然，也有些不會講經，不會說法，甚至於不識字而只會誦經的，也叫作法師，這點倒是跟《法華經》的法師內容不謀而合。

唯根據《十住毘婆沙論》卷七〈分別法施品〉，要求說法師的條件共有四點：1.廣博多學，能持一切言辭章句；2.決定善知世間出世間諸法生滅相；3.得禪定智慧，於諸經法，隨順無諍；4.不增不損，如所說行。

總而言之，「法師」之名不是出家人的專利，放寬尺度說，能夠傳播佛法，以法為師，即使是在家人，只要受持、讀、誦、解說、書寫大乘經典的，不論哪一種，都可以名為法師。嚴格的要求則必須說通宗亦通，戒、定、慧並重，經、律、論精通者，始得稱為法師、大法師。在中國譯經史上，凡是大譯師，均冠以「三藏法師」之尊稱，例如鳩摩羅什、真諦、玄奘、義淨，以及「開元三大士」等，都是大法師，都名三藏法師。

中國佛教界對於法師的用法，迄今仍是對出家人的尊稱，雖然有若干外道師及附佛法外道師，也有自稱為法師或大法師的，則與佛教的習慣用法不同。

「受持」是聽了佛法以後接受，接受以後不再忘失，而且照著做，不違背法的精神。「持」是記憶、憶持不放的意思。例如受戒之後，應當持戒不犯；受經之後，應當常持不廢；受法之後，應當恆持不懈。

「讀、誦」兩個字在佛教的典籍中，可以連用，例如「讀誦經文」。但此二字確實有不同的定義，看著文字名為讀，背著文字名為誦，故在《法華經》中，讀、誦是分開用的，讀經與誦經是兩種不同的法師。照著經本逐字敲木魚，叫作讀經；不敲木魚朗聲口念，也是讀經。如果已把經文諳記在心，不論敲不敲木魚，凡朗聲口念，都名誦經。

誦經法師，是已能夠熟背某部經典，隨口誦出者。若嚴格要求，凡不解經義，而僅依文背誦者，名為誦文法師，一定要誦其經文解其經義者，始得稱為誦經法師。依例亦可準知，凡是讀經而不解經義者，僅稱讀文法師，必得會解經義而讀之者，始名讀經法師。出聲口念為讀誦，若不出聲而僅用目讀者，名為閱經。通常的人，如果為了窮通三藏聖典而經年累月地檢閱藏經，名為閱藏；那一定不僅閱讀經文，須會理解經義。故在《法華經》的五種法師，不論是受持、讀、誦、解說、書寫的哪一種，必能理解所受、所讀、所誦、所解說、所寫的經文內容是什麼。

佛教徒非常重視對於經典的受持讀誦。受持是表示已對這部經典所說的法義有了信心，所以願意接受而憶持不忘。讀經猶如照鏡，面對經義，檢束身心，以助受持更加得力。誦經是將經文熟背，銘記在心，隨時隨地舉心動念處，均可及時運用經義的法門，與日常生活的行住坐臥合而為一，同時也能朗誦傳持給其他的人。

例如古代自西方東來的梵僧，不一定隨身帶了多少梵筴佛經，卻能在漢地譯出若干部聖典，那就是因為他們已將經典牢記在心，往往一口氣就能誦出一部經來。這在古代的印度，今日的南傳及藏傳佛教大師，也都有背誦許多部經論的本領。所以我也鼓勵漢傳佛教的僧俗四眾，養成誦經的習慣。

「解說」是把佛經的道理說給人聽，可有三類：1.用語言向他人演說經中的法義，那就是講經的說法師，所謂辯才無礙，舌燦蓮花之士。2.用文字疏解經典，綜理三藏者，稱為論師。依智旭大師《閱藏知津》謂，所撰論書又分為釋經論及宗經論。釋經論者如《十住毘婆沙論》，以及古德高賢的各種經疏；宗經論者如《瑜伽師地論》等印度諸大論師、諸大菩薩依經撰述的各種論書，乃至包括中印各地先賢所遺的諸種大、小乘經律的論疏、論釋、論述等，均可歸於此類。3.用音樂、舞蹈、形像等各種表演及繪畫、雕塑作品來表達法義，宣揚佛教。

現代人則可通過科技工具，運用電視、電台、網絡，及報紙、雜誌、看板、燈箱，以及語言、音響、影像及圖畫等宣說經義，也可名為解說。

「書寫」佛經的目的有二：

（一）為了流通傳布佛經，分享更多的人，傳承更久的時間。由於古代的印刷術未發達，佛經的流布，都以手抄寫。印度以及南傳地區，有以貝葉寫經或律者；中國古代的佛經，多用手抄於紙卷之上，故爾留下了敦煌寶藏中的大量佛經手抄本。在北京的房山，則藏有大量的石刻藏經，也是為了能將佛經保留在石窟以及地宮中，傳之於後世，以免遇到毀佛滅釋的法難之後，佛經還不致在這世間失傳。

（二）為了加強記憶印象。抄寫佛經，比讀誦佛經的功效更大，一遍又一遍地抄寫之後，縱然不能舌燦蓮花，也能漸漸地跟所抄的經義身心相應，化合為一。在明代，中國還盛行以刺舌血或指血寫經。我在山西崇善寺，見過一軸刺血寫經，色澤鮮明，殷紅之中帶有金光，看了之後，禁不住要使我恭敬禮拜。另於紐約大覺寺，曾見有一部近人壽冶老和尚手抄大字本八十卷《華嚴經》供養在大殿佛龕的左側，也使我感佩不已。壽治老和尚雖不登講座說法，為人胸襟廣闊豪爽，待人誠樸慈悲，經常廣結善緣。

若以今天印刷術之快速精美而言，佛經似乎已經不必用手抄寫了。尤其是在《大藏經》電子數位化之後，一片小而薄的光碟，就能容納整部藏經，要查任何一部經，進入電腦，便隨手可得；或者只要進入電腦網絡，找到提供藏經的網站，手指一按，便能得到你所要的佛經。

那麼，我們是否還鼓勵大家書寫佛經？答案是：「是的。」目前法鼓山就在鼓勵並推動寫經修行，它的功能有二：1.加強記憶，抄寫一遍，勝過閱讀十遍。2.起恭敬心，每次提筆抄經，均宜沐手焚香，甚至先行頂禮三拜，因為見經即見法，見法即見佛，見佛之時心必調柔清淨，抄經之時，專念一意，如面對佛，所以等於聞佛說法，也由於凝心專注，即等於修習禪定。抄寫完成的經典，可以留作紀念，若字跡美好，亦可分贈他人結善緣；如果抄得太多，字跡又不怎麼好，可以焚化掉，或焚香頂禮之後，送去回收再生。

此〈法師品〉是釋迦世尊對藥王菩薩說的，主旨在於說明一切諸天、八部鬼神及僧俗四眾，不論是為求聲聞道、辟支佛道者，在佛面前聞《法華經》的一偈一句，乃至一念隨喜者，世尊都會為之授成佛的記莂。若有人聞《法華經》，受持、讀、誦、解說、書寫乃至一偈，並於此經卷，敬視若佛，與種種供養，是諸人等，於未來世當得作佛。如來滅度後，有人能書寫、受持、讀、誦、供養、為他人說此《法華經》者，如來便以衣覆是人，並為他方現在諸佛之所護念。若有此經所在，應起七寶塔，不需另安舍利，此經即是如來全身。若人未能見、聞、讀、誦、書、持、供養《法華經》者，是人未善行菩薩道。

在此經中，除了鼓勵受持、讀、誦、解說、書寫《法華經》，也鼓勵以種種莊嚴供養經卷及起塔供養。

以十種供品供養法華經：華香、瓔珞、末香、塗香、燒香、繒蓋、幢、幡、衣服、伎樂。

「華香」是用花製成的香，用鮮花本身作供品，就有鮮美、華麗、芬芳的香氛。

「瓔珞」是掛在胸前、戴在頭上、圈在手臂手腕，乃至繫於足踝的裝飾物，是以錦帶、珠玉、金銀等七寶編串而成的，叫作瓔珞。

「末香」是碾成粉狀的香料，用以灑在門口，或貴人經過的走道上，或是重要的集會場所，使人們進去就可以聞到香味。

「塗香」是指各個種類的香油、香膏，有幾種作用，例如：保護皮膚，在皮膚乾糙或是曬傷之時，都可以塗這種香油；另外有驅蟲的功能，擦了這種香油之後，便不會被虻蚊蟲蟻等叮咬。

「燒香」是可以燃燒的香木，如檀香、線香等等，香煙裊裊，使香氣瀰漫整個會場。

各種用香在印度有種種的功能，比如說提神、消毒、表示尊敬，或是做為宗教信仰心的傳遞。天龍八部中有一類天神乾闥婆，就喜歡聞香，以香氣為食。另外，人死後的中陰身也是用香氣來滋養身體，所以為供養過世的人燒好香是對的，燒香有香氣，亡者的中陰身感到很舒服。可是中國民間信仰的一般大眾，燒香只是大把大把地燒，只有煙的空氣汙染，沒有香的清潔消毒，這不是佛經所鼓勵的。

至於繒蓋、幢、幡，都是用來表示莊嚴。「繒蓋」即是傘蓋，又名華蓋，本為防雨遮陽用，後來成為高官貴人莊嚴行列的用具。例如今日泰國佛教，在儀典時，會有人為主禮者及貴賓，打一把大黃綢傘，頂在頭上，以示隆重。西方極樂世界的變相圖畫中，也可以看到佛頭頂上的傘蓋，懸浮空中，這都是繒蓋。

「幢」有圓筒、四角、六角或八角形，可長可短、可高可矮，多半與人的身高相當，上下封起來，再用桿子支撐。在中國的寺院裡，都是垂吊在橫樑上面。也有以石頭雕成的石幢，置於寺中殿前的庭院，刻上經文或咒文，稱為石經幢、石陀羅尼幢。

「幡」是旗子，多半為長方形，由數尺至數十尺長的都有，同時還有飄帶，在空中隨風飄動時煞是好看。《六祖壇經》中記載惠能大師到廣州法性寺，見有兩個和尚為了幡動還是風動而爭論不休；由此可知那時的寺院裡已有掛幡。後來，中國禪寺講求簡樸素淨，故少見華蓋、幢、幡的點綴莊嚴物，倒是在藏傳佛教的寺院塔廟中，依然盛行此類裝置。

「衣服」，在印度衣與服是不同的。「衣」是布、布料；用布料做成可穿在身上的，就叫作「服」。袈裟也可算是衣服，因為它已經可以當成服裝來穿。

「伎樂」的「伎」就是伎藝，歌、詠、舞蹈、鐘、鼓、木魚、鈴、磬等打擊樂器，笙、簫、笛、琴、瑟等管弦樂器，用來讚頌佛法，就是以伎樂供養佛法。

以上十種供品，在梵文現存的《法華經》同一段落所見，則舉出以十三個項目，供養《法華經》：花、香木、香水、華鬘、香油、香粉、衣服、傘蓋、旗、幢幡、音樂、合掌、禮拜。為什麼要如此供養這部經卷？梵文本《法華經》接著前文便說：是「對此經典表達恭敬、尊重、崇拜、供養、讚歎」。見經如面佛，怎可對經典不恭敬禮拜？修了供養，便起恭敬尊重難得的歡喜心。我們雖不必具備如上種種供物，但我常勉勵四眾，宜供鮮花、素果、清水、燒香或其中一項，不在多少，但表敬意。

我曾經看到有人把經捲起來，走路時夾在腋下。也有人看經看到很累了，就把經本當成枕頭，躺下來睡覺，這就沒有恭敬心了！有的人手上拿了經本，嘴上叼著香菸，一邊看經一邊抽菸，還把菸吐到經本上，我看了心裡很悲痛，很難過。

如果有人能夠受持、讀、誦、解說、書寫《法華經》的經文乃至一偈一句，或於此經修如上的恭敬供養者，世尊告知藥王菩薩說：「是諸人等，已曾供養十萬億佛，於諸佛所成就大願，愍眾生故，生此人間。」可見你若恭敬供養法寶經典，證明你已有大善根福德因緣了。

恭敬心是存於內、形於外，用禮儀、用供品來表達供養。

並且稱讚，於佛滅後，「能竊為一人說法華經乃至一句，當知是人，則如來使，如來所遣，行如來事，何況於大眾中，廣為人說。」

當佛住世的時候，我們要供養《法華經》、讚美《法華經》。佛亦囑咐：在佛滅後除了如此供養之外，還要為他人解說《法華經》，乃至在隱密的場合把《法華經》的一句經文經義告訴人。此人即是如來派遣的使者，代表如來，做了佛事。更何況能於大眾之中廣為許多人說這部經呢！

為什麼要在隱密處偷偷地說呢？這不稀奇。當你處於不許宣揚佛法的時代環境中，就沒有人敢公開講《法華經》，只好在私底下偷偷進行，並且也不說明這是《法華經》裡的話，只要對方聽了增長善根，身心有益就好。

美國有一位居士曾經很得意地告訴我：「師父，我今天送了幾個佛法的紅包給某某人。」又說：「師父，在某個地方我供養了幾個觀念。」他並沒有告訴他們，那些都是從佛經中學到的，如果言明是出於佛經，恐怕就會被排斥。

「如來使，如來所遣，行如來事。」能在暗中為人說一句《法華經》，便等於是由如來派遣來做佛事的大菩薩。也可以說，凡說佛法的人，便是佛的代表，因此不要小看自己，你當口宣佛話，身行佛事，意存佛心，不得輕忽，懈怠放逸。一般的人若遇說法之人，則當禮敬供養，亦如親炙如來。因為依法不依人，經即是法，法即是如來法身，有法處即是有佛處。

所謂「如來事」又名佛事，凡教人修學菩薩道的六度萬行，及一切成就佛道的所作所為，皆稱佛事。後世的一般人，僅把為亡靈誦經超薦叫作佛事，固然也對，可是所指範圍太狹窄了。

「在在處處，若說、若讀、若誦、若書、若經卷所住處，皆應起七寶塔，極令高廣嚴飾，不須復安舍利，所以者何？此中已有如來全身。」

這段經文是說，不論在何處，或者解說，或者閱讀，或者持誦，或者抄寫《法華經》，或者凡有《法華經》的經本所在之處，我們都應該起又高又大的七寶佛塔，寶塔上面要裝飾著許多的鈴、幡、傘蓋。塔中不用另安舍利，有了《法華經》，就已有了如來的全體法身。

這是說明，如來滅後的肉身舍利，固然應被尊敬供養，可是比起大乘聖典，如

《法華經》者，如來的肉身舍利已不重要。

「塔」實際上是廟、寺的意思，梵文發音 stūpa，又可翻譯塔婆、竺多波或窣堵波。佛陀涅槃火化之後，當時印度諸國國王，都爭著分取佛的舍利迎回供養，摩訶迦葉則召集五百羅漢在七葉窟，結集經律，傳誦後世。一般信仰，凡是有佛肉身舍利的地方就代表著佛的所在，應該起塔供養，佛弟子們便以舍利塔做為崇拜、供養如來的對象。

由上所見，「舍利」梵文 śarīra，原為遺體、屍體之意，後來演為有肉身舍利及法身舍利的兩種。

「肉身舍利」可分為部分舍利的堅固子，及全身的整個肉身不壞。如果是火化後，身上的血、肉、筋、骨、內臟，乃至頭髮、手指甲等，凡沒有被燒成灰炭的，就叫作「堅固子」。現今世界各地由西藏、尼泊爾、印度等處傳出有很多佛舍利，都是感應舍利，不是真正世尊肉身遺留下來的。

「法身舍利」則是以「法」為佛的法身舍利，《法華經》是唯一佛乘的大法，就是佛的全身舍利。既然法身比肉身更重要，凡有舍利就應該用塔供養，有《法華經》處更當起塔供養。

因此，佛弟子固宜供養如來肉身舍利，尤當奉行如來於本經所示，受持、讀、誦、解說、書寫、供養此《法華經》，才是回到如來的本懷。換句話說，供養佛的肉身舍利，不如恭敬供養《法華經》，而信解、受持、讀、誦、解說、書寫。

「其有眾生，求佛道者，若見、若聞是法華經，聞已信解受持者，當知是人，得近阿耨多羅三藐三菩提。」

這段經文是說，如果有求佛道的人，不管他是聽到或是看到《法華經》，能於聽後就信解受持的話，就知道那個人距離成佛很近了。

這等於是說「放下屠刀，立地成佛」。《法華經．方便品》中也說：「若人散亂心，入於塔廟中，一稱南無佛，皆已成佛道。」不究既往，凡是浪子願回頭，回頭就是岸。所謂「立地成佛」即是「回頭是岸」的意思，當你在海邊游泳，朝向外海游，眼前一片汪洋，茫然不知所歸，只要一念回心，一轉臉就接近陸地而上岸了。如果你在大海中央，回頭有了目標，雖然尚未上岸，但是已經逐漸往岸邊的方向靠近了。

「得近阿耨多羅三藐三菩提」就等於「回頭是岸」，表示你已接近成佛的果位了。至於有多遠呢？只要修行，就會愈來愈近。

「若有善男子善女人，如來滅後，欲為四眾說是法華經者，云何應說？是善男子善女人，入如來室，著如來衣，坐如來座。爾乃應為四眾廣說斯經。如來室者，一切眾生中大慈悲心是；如來衣者，柔和忍辱心是；如來座者，一切法空是。」

法師講經說法，必具威儀，在一室之中，披起說法用的大衣，坐上莊嚴的法座。至於如何弘講《法華經》呢？亦得具足三項儀軌：第一、要「入如來室」；第二、要「著如來衣」；第三、要「坐如來座」。這三句話非常重要，這才是真正地弘揚《法華經》，註經家稱之謂如來滅後的「三軌弘經」。說法師除了用嘴巴說法，還要以身作則，自己用心行、用身行、用口行，身、口、意三者都要照著如來的心行法做，這才是真正弘講《法華經》的儀軌。

「如來室」就是以大慈悲心平等救濟一切眾生的苦難，用佛法布施給眾生，而使得眾生離生死，得究竟涅槃。如來的慈悲無限廣大，容納所有一切眾生，為一切眾生作庇護所，育之養之，同成佛道。

「慈悲」有三等：1.生緣慈悲：如見眾生苦，起同情心，願救濟、願拔苦，由有我相，故有生相。2.法緣慈悲：由二空觀智，空除了眾生相而發起的慈悲心，此二空觀智仍屬有功用，雖無生相，猶有法相。3.無緣慈悲：以深般若，照見從本以來，生佛同體，無有所起慈悲之境，亦無能起慈悲之心，此為無功用道的如來大慈悲心。

此處的「如來室」即是以如來的大慈悲心，做為一切眾生的房舍臥室。說法之師應當具此心儀。

「如來衣」就是柔和忍辱的心，說法之師，應當常以柔和忍辱心，與眾生接觸，讓眾生從你的外表儀態看你，就像披著一頂如來的柔和忍辱衣。因為有柔和心就不會與其他人或外界環境起衝突，也不會跟自己的欲望、瞋恨、煩惱起衝突。有忍辱心則是不管外界的環境再怎麼不好，即使受到欺負、侮辱，或是許許多多的苦難折磨，也都能泰然接受、寬容反應，而不以牙還牙。能做到這樣程度的話，就是最受人歡迎，也是最有福報的人。所以說法之師，應當學習具備如來之衣為威儀。

「如來座」是空的意思，一切諸法當體即空，如來以甚深般若的如如智，常契如如理，那就是諸法空相；如來以十法界的實相為寶座、為法座，實相無相，即是空相，等虛空遍法界，無處不是，亦無一處是，所以如來是八風吹不動，端坐紫金蓮，是以畢竟的空相為座，怎麼會有煩惱動的現象呢？所以說法之人應當學著以一切空法為法座，而為四眾說法。

依照天台家的解釋，所謂三軌是：1.資成軌——以大慈悲心安樂一切眾生。2.觀照軌——以柔和伏瞋。3.真性軌——坐於第一義空。此三為行、境、智的互資互用，不縱不橫，不一不異。即以資成及觀照，開發眾生之真性。

偈云：「若我滅度後，能說此經者，我遣化四眾，比丘比丘尼，及清信士女，供養於法師，引導諸眾生，集之令聽法。」

以上是摘錄經文的兩個偈子，意思是說，釋迦牟尼佛滅度以後，如果有誰能夠說這部《法華經》，雖然佛已經滅度了，還是會派遣僧俗四眾來供養法師，而且帶很多眾生一起來聽此人說法。

「四眾」可分為在家二眾及出家二眾。在家男眾稱為優婆塞、近事男或清信男；在家女眾為優婆夷、近事女或清信女；出家二眾是比丘、比丘尼。沙彌跟著比丘學比丘法，沙彌尼跟著比丘尼學比丘尼法，所以不另外給他們一眾名稱。

「是人樂說法，分別無罣礙，諸佛護念故，能令大眾喜。若親近法師，速得菩薩道，隨順是師學，得見恆沙佛。」

這兩個偈文是說，能夠說經，或是喜歡說經，或是願意來說本經妙法的人，他的智慧沒有障礙，因為一切諸佛都會護念像這樣說法的人，所以能夠使得一切聽法者歡喜。只要親近這樣的法師，很快就能夠獲得菩薩道，跟著這種法師修學的話，就能得見恆河沙數一切諸佛。

「菩薩道」就是修六度四攝，通過菩薩道的實踐和修持，最後就是完成佛的果位，所以菩薩道又可以稱為成佛之道。

「分別無罣礙」是指對任何一法，都能清清楚楚地分析說明解釋給他人聽，也就是「辯才無礙」的意思。原因是有「諸佛護念故」，所以能夠使得大眾聽了生歡喜心。

「隨順是師學，得見恆沙佛」，這兩句話有兩層意思，講佛法給你聽的人，理所當然是你的老師；可是以佛法來講，是「以法為師，以法師人」，這裡所稱的「師」，一方面要以說法師為老師，另方面要以佛法為老師，隨順經中的佛法去做，就能夠見到多如恆河沙數的諸佛如來了。

一一、見寶塔品——寶塔涌現，證明說法

過去許多諸佛都曾說過《法華經》，當他們說《法華經》的時候，都會有一個多寶塔從地下涌出來，這是為了證明《法華經》的功德無量。塔裡有一尊古佛叫作多寶如來，他在過去發了願，為了護持《法華經》，所以凡是有佛說《法華經》，這一尊佛一定會與多寶塔一起在會場中出現。

〈法師品〉中已解釋過，塔是供舍利的，釋迦牟尼佛涅槃後，留下舍利八斛四斗；過了一百五十年左右，阿育王把佛的舍利送到全世界，據說有八萬四千個地方，每一個地方都起塔供養佛的一顆肉身舍利，舍利供在塔中，讓人、天恭敬供養，使供養人得以種福、種善根，所以舍利的傳世，還是有用的。中國大陸五台山、浙江阿育王寺等處，都供有佛舍利；在尼泊爾朝聖時，我也曾看到兩座阿育王所建的佛舍利塔，但現在全世界留下來的已經沒有幾座了。本品中的七寶塔內，所供奉的是過去多寶如來的全身舍利。

說完法師品後，即有七寶大塔，從地涌出，住於空中，高五百由旬，縱廣二百五十由旬，眾寶莊嚴，八部神王及其眷屬，以種種供養、恭敬、尊重、讚歎。

塔從地下涌出來，而停在空中，高五百由旬，寬二百五十由旬。

中國人用「華里」做為計算距離的單位，西方用「公里」及「英里」，古代印度則是用「由旬」來計算。由旬梵文 **yojana**，在佛經裡有三種說法：1. 一由旬等於三十華里，2. 四十華里，3. 六十華里。究竟是多少，無法確定。但是古印度人妙的很，他們也不管究竟是多少里，所謂的「一由旬」就是相當於國王打獵或是行軍時一日的路程；要注意，不是騎馬也不是騎駱駝，而是行軍。士兵經過訓練可以走得很快，國王如果養尊處優，大概就走得慢一點，一天只能走三十里，但有的國王走得快，所以能夠走六十里。現在的一公里相當於二華里。

帝王一日行軍的距離叫作一個由旬，若是以三十華里來算，五百由旬就是五百個三十華里，相當於一萬五千里，這個塔實在太高了，只有在法華會上才見得到這麼高的大塔，普通人是見不到的。寶塔是由七寶所成，所以說「眾寶莊嚴」。

因為有一尊多寶佛和多寶佛塔的出現，所以八部神王和他們的眷屬也都前來供養。八部神王就是天、龍、夜叉、乾闥婆、阿修羅、迦樓羅、緊那羅、摩睺羅伽；也有把天龍算成一個，再加上人非人等。

「人非人」不是人加上非人，而是有「人非人」這個族群的護法神，像人但又不是人，這叫作「人非人」。其中的夜叉、乾闥婆、阿修羅，雖然有人的樣子，但他們不是人，其他的則不具備人的樣子。乾闥婆是音樂神，敦煌壁畫中的飛天也可以說就是乾闥婆，是伎樂天。

塔中出大音聲歎言：「善哉善哉！釋迦牟尼世尊，能以平等大慧，教菩薩法，佛所護念，妙法華經，為大眾說。」

塔門未開，便先出聲音讚歎：「真好啊！真了不得！真不容易！釋迦牟尼佛能夠以平等的大慈悲心，來教菩薩的法，為大眾說出佛所護念的《妙法蓮華經》。」

「佛所護念」是指受到多寶佛以及一切佛保護、擁護、繫念和眷念的。

「如是如是，釋迦牟尼世尊，如所說者，皆是真實。」

此四句是說：真是這個樣子喔！真是這個樣子喔！我多寶如來可以證明釋迦牟尼佛說的《法華經》，是如實而說，絲毫不錯，沒有虛假。

這部《法華經》在過去曾經有佛說過，現在釋迦牟尼也在說，這就是多寶塔顯現的目的，那是為了證明釋迦牟尼佛所說的《法華經》是真實的。

世尊告諸大眾（以大樂說菩薩為問法者）：

釋迦牟尼佛說這段話的時候，是以大樂說菩薩為問法的對象。因為大樂說菩薩見到了多寶塔，聽到了多寶塔裡的讚歎及證明的聲音，不知道這是怎麼一回事。於是他就代表大眾向釋迦牟尼佛請示，釋迦牟尼佛表示這是有其因緣的，這個因緣就是：

「此寶塔中，有如來全身，乃往過去，東方無量千萬億阿僧祇世界，國名寶淨，彼中有佛，號曰多寶。其佛行菩薩道時，作大誓願：若我成佛，滅度之後，於十方國土，有說法華經處，我之塔廟，為聽是經故，涌現其前，為作證明，讚言善哉。」

這是說，在寶塔裡面，有一位東方古佛多寶如來的全身舍利，這是從我們這個世界，向東方經過無量千萬億阿僧祇世界的一個佛國，名為寶淨，有一尊久已涅槃的佛，名為多寶如來。

「阿僧祇」梵文 asaṃkhya，是無央數的意思。「無央數」也是一個單位數目的名稱，一直數到沒有辦法數的時候，就叫作「阿僧祇」。比起我們現在所說的「天文數字」，還要多得多，天文數字好像還可以數得出來。

銀河系中有無量無數、阿僧祇數的星球，這裡所說的「一個世界」相當於一個銀河系，大約是一尊佛所教化的世界，釋迦牟尼佛教化的娑婆世界就有一個銀河系那麼大，所以可以想像，要經過千萬億個無數的世界，這實在太遠了。西方阿彌陀佛的極樂世界也不過距離我們十萬億佛土；而在東方那麼遠地方的寶淨國中，曾有一佛名為多寶。當他行菩薩道的時候，曾經發願：「如果我成佛、涅槃以後，在十方所有世界中，假如有人說《法華經》，為了聽此經，我會與我的舍利塔，在那裡從地下涌現出來，並且我也要為這位說《法華經》的佛證明，第一句讚歎的話就是『善哉！』。」

這一段經文指出《法華經》在過去曾經有許多佛講過，釋迦牟尼佛只是其中之一，也可以說任何一尊佛都會在他們的國土中說《法華經》。

「彼佛分身諸佛，在於十方世界說法，（為聽《法華經》）盡還集一處。」

「彼佛」是指多寶佛，雖已涅槃了，他還有神通化現，以佛的分身出來到十方世界說法，這個時候為了聽釋迦牟尼佛說《法華經》，就將所有多寶佛的分身，集合到靈山上空，與多寶塔在一起。

釋迦世尊亦集其於十方世界分身諸佛，「是時諸佛各將一大菩薩，以為侍者，至娑婆世界，各到寶樹下，一一寶樹高五百由旬，……諸寶樹下，

> 皆有師子之座，高五由旬。」「釋迦牟尼佛，欲容受所分身諸佛故，八方各更變二百萬億那由他國，皆令清淨，無有地獄、餓鬼、畜生及阿修羅，又移諸天、人，置於他土。」「復於八方各更變二百萬億那由他國，皆令清淨。」「如是次第十方諸佛，皆悉來集，坐於八方。爾時一一方，四百萬億那由他國土，諸佛如來，遍滿其中。是時諸佛各在寶樹下，坐師子座，皆遣侍者，問訊釋迦牟尼佛。」

這一段文字把釋迦牟尼佛當時說《法華經》的場面，放大、放大……放大到無限。

八方變現出來有二百萬億那由他國，「那由他」是梵文 nayuta，意思是十個千億，譯為「兆」或「溝」。就是二百萬億個萬億的國土。

看了佛經裡描述的世界，真能使人心胸開闊。在這個僅如一微塵大的地球上，許多人你爭我鬥，你搶我奪。讀過《法華經》，知道宇宙之大，世界之多，就應該把心胸放大，不要那麼小家子氣了。

法華會上有很多來自十方的佛，釋迦牟尼佛及多寶佛的無量分身，各從他方世界通通集合在一起。釋迦牟尼佛的分身諸佛，從他方世界都帶了一個侍者，回到釋迦牟尼佛的座前來聽《法華經》，參與法華勝會。

佛國就是淨土、清淨的國土，裡面不應該有地獄、餓鬼、畜生的三惡道。一般凡夫只能看到畜生道，看不到地獄道和餓鬼道，因為他們不具備類似我們的粗重物質身，是心識所成之身。

我們這個世界由於尚有地獄、餓鬼、畜生，所以不是淨土。釋迦牟尼佛在這個時候，就以神通力把八方國土中三惡道及三善道的天、人、阿修羅，通通移到他方世界去，使這個國土清淨。這很奇妙，如這段經文所說，我們可能常常被佛用神力移來移去卻不自知。

在四百萬億那由他國中，諸佛如來遍滿其中。那個時候，每一尊佛都在寶樹下面，坐在師子座上，同時各派一位侍者，向釋迦牟尼佛問訊。

於是釋迦牟尼佛，即從座起，住虛空中，以右指開七寶塔戶，「即時一切眾會，皆見多寶如來，於寶塔中坐師子座，全身不散，如入禪定。又聞其言：善哉善哉！釋迦牟尼佛，快說是法華經，我為聽是經故，而來至此。」

於是釋迦世尊也從法座上起來，升住空中，以右指打開塔門，讓大家都能見到多寶如來，端坐在師子座上，全身完整，不像是已經涅槃了久遠時光的遺體，倒還像活著的人在入定一樣。同時又聽到說：「釋迦牟尼佛，好得很！好得很！我是特地為聽《法華經》來的。」

一般人可能會覺得難以明白，為什麼此時《法華經》已經到了第十一品，而多寶如來的語氣好像釋迦牟尼佛還沒有開始說《法華經》？

在美國時就有一位居士問我：「看完一部《法華經》，結果也沒有看到佛說《法華經》，都是在說故事、說《法華經》的過程，一直表示要說《法華經》了，要說《法華經》了，結果還是沒有看到《法華經》的經文究竟是什麼？到底哪一部分是《法華經》？」

其實「法華」是妙法，只要說的是最上妙法，就是《法華經》。在《法華經》裡，處處都可以看到佛說的妙法，所以一整部經都是《妙法蓮華經》。同時本經一共二十八品，分成迹門及本門，前半的十四品是迹門，是方便說，後半的本門才是真實的《法華經》宗旨。

「爾時多寶佛，於寶塔中，分半座與釋迦牟尼佛。」

多寶佛早已涅槃，在寶塔中是他的肉身舍利，但以佛的本誓願力及神通力，能使肉身不散壞，不僅能說話，還能移動身體，分半座給釋迦牟尼佛，所以此時在多寶塔中是比肩坐著兩尊佛了。這是相當難得一見的場面，在敦煌石窟的壁畫及浮雕中，就有二佛同龕並坐的畫面。

「爾時大眾，見二如來，在七寶塔中師子座上，結加趺坐。」

這時大家都看到，兩尊如來在寶塔裡面的師子座上坐在一起。

通常我們說釋迦牟尼佛是一丈六尺紫金身，所以塔裡應該是一尊大佛，一尊小佛，一高一矮，其實不是這樣的。這個時候，釋迦牟尼佛已非丈六之身，乃與多寶佛沒有大小的差別。在敦煌莫高窟裡見到《法華經變圖》，多寶塔中的兩尊佛坐在同一座，都是同樣大小。我們可以想像，高五百由旬，寬二百五十由旬的七寶塔中，並坐的兩尊佛，身形一定也很莊嚴高大。距離地面的聽法大眾，也一定相當地遠，因此，釋迦世尊即以神通力，將大眾接住虛空中。

接著釋迦牟尼佛，以大音聲，普告四眾：「誰能於此娑婆國土，廣說妙法華經，今正是時。如來不久當入涅槃，佛欲以此妙法華經，付囑有在。」

這幾句經文是說，在塔中的釋迦牟尼佛，大聲向四眾普遍宣告徵詢：「你們之中有誰能夠在這個娑婆世界，廣大地宣說《法華經》呢？現在正是時候。我不久即將涅槃了，所以我要把這部《法華經》，交代給你們流傳下去。」

這部《法華經》，是在世尊晚年，即將涅槃之前說出的，除了《涅槃經》，此經也是佛的最後遺教。

偈曰：「於我滅後，若能奉持，如斯經典，是則為難。」

「我為佛道，於無量土，從始至今，廣說諸經。」
「而於其中，此經第一，若有能持，則持佛身。」

以上的三偈是說，在世尊滅度之後，若有人能奉持《法華經》是相當難得可貴的。因為自從世尊往昔無量劫來，為修佛道而曾於無量國土，廣說許多經典，其中這部《法華經》，才是最重要的，有人若能受持此經，就等於是受持佛身。此處的「佛身」是指佛的法身功德，包括佛的大智、大慈、大願、大行、無上菩提。

一二、提婆達多品——惡人畜女，皆成正覺

第十二品是〈提婆達多品〉。之前說過，《法華經》是一部眾流匯集的經典，是釋迦牟尼佛在講《涅槃經》以前，對大、小乘佛法所做的一個總結。佛在此把所有根器的眾生都匯集在一起，鼓勵提拔所有眾生都學菩薩法、修菩薩道，最後成佛；只要聽聞受持《法華經》，大家都有成佛的分，所有一切眾生，不論品行好壞，不論男女性別，即使異類眾生都能成佛。所以在這一品中就介紹惡人及畜生受記成佛的因緣。

佛在世時，提婆達多是最壞的一個壞人，壞到什麼程度呢？根據經律的記載，他造有三大逆罪：

（一）出佛身血。他想害死釋迦牟尼佛，自己接替佛的位子。這就好像是王子篡王位，把老王殺了，王子才能做新王。提婆達多曾經很坦白地告訴釋迦牟尼佛：「你已經老了，而且也成佛這麼久，現在這個位子應該讓給我了。」但是佛不予理

睬，於是他便埋伏在釋迦牟尼佛時常經過的山路上，佛從山下走過時，他就從上方山崖把一塊巨石推下山去，想把佛砸死。奇怪的是，這塊大石頭一到佛的頭頂上，就自動裂成兩半散落開來，因此幸無大礙，只有一小塊碎石片擊中佛的腳趾，流了血。

（二）弒阿羅漢。一天，佛正在法堂說法，提婆達多從外面進來，沒有先把泥腳洗乾淨，就大剌剌地往裡面闖。蓮華色比丘尼看到之後，就告訴提婆達多：「這位尊者，你應該在門外先把腳洗一洗再進去，要不然會把地弄髒了。」這位比丘尼已證阿羅漢果，為了對佛恭敬，所以向提婆達多勸說。提婆達多聽了以後很生氣，而說：「你這個臭比丘尼，難道你懂的比我還多嗎？」邊罵邊動手，結果一拳打死了蓮華色比丘尼。

（三）破和合僧。他以離間、批評、煽動的手段，帶走了世尊座下的一部分弟子，使得一向和樂無諍的佛教教團，因此分裂，在世尊的僧團之外，出現了另一個僧團。這叫作「破和合僧」。

佛教中最重大的罪行有五項：殺父、殺母、殺阿羅漢、破和合僧、出佛身血，合稱為「五逆罪」。在這五項中，提婆達多一人就犯了三項，因此在其他經律中說，當他臨死之際，地面忽然裂開而「生墮地獄」。佛教史上還沒有出現過第二個這麼大的惡人，可是到世尊宣說《法華經》的時候，仍然為他授了成佛的記莂。

釋迦牟尼佛追述他「於過去無量劫中，求法華經，無有懈惓，於多劫中，常作國王……為於法故，捐捨國位，委政太子。擊鼓宣令，四方求法。誰能為我說大乘者，吾當終身供給走使。時有仙人，來白王言：我有大乘，名妙法華經，若不違我，當為宣說。」王「即隨仙人供給所須，採菓、汲水、拾薪、設食、乃至以身而為床座，身心無惓，于時奉事，經於千歲，為於法故，精勤給侍，令無所乏。」

佛為提婆達多授記之前，先敘述他跟提婆達多之間，在往昔無量劫中的一段師徒因緣。

釋迦牟尼佛從無量劫以來，為了求得《法華經》，從不懈怠，在許多劫裡，常作國王。有一次，他丟下國王的位子，交給太子繼承，自己一邊敲著鼓，一邊以懇切的心到處求法，並向四處宣告：「如果有誰能為我說大乘佛法，我就終身做他的僕役，供他差遣使喚。」結果有一位仙人來告訴他：「我有大乘法，叫作《妙法華經》，假如你對我順從無違，一定為你宣說。」因此，國王就做了仙人的僕役，供給仙人所需，包括採野果、汲水、拾薪、炊煮飲食，乃至在仙人需要休息，或坐或臥的時候，他就用身體橫躺在地，讓仙人當成椅子來坐，當成床鋪來臥，身心沒有疲倦，隨時隨地恰到好處地奉事這位仙人，長達千年之久，目的就是為求大乘佛法。

「仙人」梵文 ṛṣi，是對長壽不死者的稱謂。在佛典中通常是將有高德的外道稱為仙人，他們最高可修成五種神通，故又稱為五通仙人。佛亦能夠長壽不死，不生不滅法身不死，故稱大覺金仙。在無佛之世，偶爾亦有外道仙人說出佛法，雖然外道依舊是外道，若聞法之人，善根深厚，也能從外道仙人處得法益。

「佛告諸比丘，爾時王者，則我身是，時仙人者，今提婆達多是。由提婆達多善知識故，令我具足六波羅蜜，慈悲喜捨，三十二相，八十種好，紫磨金色、十力、四無所畏、四攝法、十八不共、神通道力，成等正覺，廣度眾生。」

這段經文是說，當時捨位修道的國王，就是現在的釋迦世尊，仙人就是提婆達多。由於有這麼一位善知識，世尊才能具足六度、四攝、四無量心、三十二種大人相、八十種隨形好、紫磨金色的身光，並完成了佛果位上獨有的十力、四無畏、十八不共法、神通道力等諸種功德，因此而成等正覺，廣度眾生。

這段經文，說明了以大乘佛法幫助一人成佛的功德是不可限量的，同時襯托出世尊對於一位曾經在他學佛道上有過恩惠的人，永遠銘記感念，也是佛陀報恩心懷的流露。在這段經文中，有不少屬於大乘菩薩道的名相，以及專屬於佛果位的名相。

「六波羅蜜」又名六度：布施、持戒、忍辱、精進、禪定、智慧。雖在《阿含經》中已見六波羅蜜，原則上認定為大乘菩薩道的修行法門，以六度攝一切行，故名六度萬行。

「慈悲喜捨」名為四無量心，依四禪定修成則生色界之梵天，故又名為四梵行。此外，《華嚴經》中名之為四等，菩薩以平等心利益一切眾生。以此四心普緣無量眾生，引生無量福德，故名四無量心。

「三十二相，八十種好」，三十二相出於印度的人相之說，傳說中的轉輪聖王必具三十二大人相，如果出家修道，唯有佛陀具足三十二大人相。八十種隨形好則顧名思義，是隨三十二相而顯現的好形貌。此處名相從略。

「紫磨金色」，《涅槃論》云：「閻浮檀金有四種，……一青、二黃、三赤、四紫磨」。以紫磨為金中之精。

「十力」，如來有十種智慧力。見《大智度論》卷二十四、《俱舍論》卷二十七。

「四無所畏」簡名四無畏，或名佛四無畏。見《大智度論》卷四十八，明佛四無畏。《大乘義章》卷十一明菩薩四無畏。

「四攝法」，《雜阿含經》卷二十六，已有兩處提及「四攝事」，一般則認為是大乘法，例如《仁王經》卷上有云：「行四攝法：布施、愛語、利行、同事。」

「十八不共法」，見於《大智度論》卷二十六，限於佛果位上才有而不共於二乘及菩薩者有十八法。

「神通道力」，神為不測，通為無礙。外道仙人可得五通，阿羅漢得三明六通，佛則得三達六通。晉譯《華嚴經》卷三十八則有十種神通。

因為提婆達多曾於世尊因地為說大乘法的大功德，所以世尊為他授記，說他過了無量劫後將成佛，名字叫天王如來，世界名天道。

文殊師利菩薩，此時亦「從於大海娑竭羅龍宮，自然涌出，住虛空中，詣靈鷲山，從蓮華下，至於佛所，頭面敬禮二世尊足。」

「娑竭羅龍」，有一海名娑竭羅，該處的海龍王及龍宮皆因以得名。或也有說娑竭羅是國名，龍是種族之名。此處則明白指出，是從「大海」涌出的。

「靈鷲山」在王舍城外的一個山坡上，有岩似鷲故得名。

「從蓮華下」當時文殊菩薩是坐在蓮華座上，從龍宮涌現，住在虛空，世尊是在靈鷲山的上空說法，所以要由蓮華座上起身下座，進入多寶塔中，禮二尊佛足。

文殊師利言：「我於海中，唯常宣說妙法華經。」

文殊師利菩薩曾在娑竭羅海的龍宮，經常宣說《妙法華經》，其中有一個龍女即將成佛。故於釋迦佛在多寶塔裡為提婆達多授記之後，便從海中涌出，是為說明、介紹這位畜生道的龍女，也由於修行《法華經》而快速成佛的例子。

隨同與多寶佛從地下涌現出來的智積菩薩問言：「此經甚深微妙，諸經中寶，世所希有，頗有眾生，勤加精進，修行此經，速得佛不？」

這是智積菩薩代表許多人所提的問題，他問文殊菩薩：「《法華經》實在太難得、太微妙！世間中是難得聽到的，是經中至寶。可否請教文殊師利菩薩，龍宮裡住的是另類的眾生，是不是只要他們勤奮、精進地修行這部《法華經》，也能快速地成佛呢？」

文殊師利言：「娑竭羅龍王女，年始八歲，智慧利根，善知眾生，諸根行業，得陀羅尼。」

諸經典中一向都說，六道眾生之中，唯有人身能修佛法，稱為道器，三世諸佛也皆在人間成佛。又一向都說，唯具大丈夫的男人相始能成佛。女人不能成佛，因為女人有五障，其中之一便是女人身不能成佛身，佛的三十二相裡也沒有女根相。還有，畜生身也不能成佛，因為佛一定要具備人身相。這種說法讓許多女人感到失望，異類眾生更沒有成佛的機會。可是在《法華經》中，這些問題都不存在，不僅僅是女人，連畜類的龍女也能成佛。所以文殊師利菩薩馬上回答：「娑竭羅龍王有一個女兒，只有八歲，很聰明，非常有智慧，根器很利。她已經圓滿一切善根修為，得到了佛法的總持。」

「陀羅尼」意為總持，請參閱本經第二十六〈陀羅尼品〉說明。

所謂女人五障，在本品說：「一者不得作梵天王，二者帝釋，三者魔王，四者轉輪聖王，五者佛身。」

> 「諸佛所說，甚深祕藏，悉能受持，深入禪定，了達諸法，於剎那頃，發菩提心，得不退轉，辯才無礙。」

此接上文，說明這位龍女對於佛法所體認了達的程度，非常深入，故於一剎那間，就發了無上菩提心，得不退轉，並能精通法義，妙辯自在。「祕藏」是諸佛境界，唯佛與佛乃能究竟盡知之，即不可思議的諸法實相。「深入禪定」是指在諸種層次的禪定中，最上乘的如來禪，例如經說：「那伽（如來）常在定，無有不定時。」故此不是小乘聖者的九次第定。

「不退轉」，共有三不退，諸家有不同的見解。唯識法相宗說，入十住位謂位不退，入初地謂行不退，入第八地以上謂念不退。天台宗說，自別教初住至七住為位不退，自第八住至十迴向終位為行不退，初地以上為念不退。此處所指，當係全括三不退了。

「慈念眾生，猶如赤子，功德具足，心念口演，微妙廣大，慈悲仁讓，志意和雅，能至菩提。」

這段經文是說，發了菩提心的龍女，慈悲護念一切眾生，猶如慈母愛護嬰兒。具足眾善功德，心中繫念、口中演說微妙廣大的佛法，以慈悲心仁讓眾生，志意堅強，和而不剛，高雅悅眾，能以如此諸種善根功德，成就無上菩提。

「赤子」為漢文名詞，意為嬰兒。《書經．康誥》有云「若保赤子」，喻君王視人民如父母之顧嬰兒。初生嬰兒，膚為紅色，故名赤子。

「和雅」，《無量壽經》卷上有「諸七寶樹」，出諸「法音」，「微妙和雅」。《阿彌陀經》也有「是諸眾鳥，晝夜六時，出和雅音。」都是形容法音演暢和雅。其實就是柔和高雅能悅眾意的說法之音。

智積菩薩存疑，因為他見「釋迦如來於無量劫，難行苦行，積功累德，求菩提道，未曾止息，觀三千大千世界，乃至無有如芥子許，非是菩薩捨身命處，為眾生故，然後乃得成菩提道，不信此女，於須臾頃，便成正覺。」智積菩薩「言論未訖，時龍王女忽現於前，頭面禮敬，卻住一面。」

智積菩薩對文殊菩薩所介紹的龍女，能夠「速得成佛」的事，表示懷疑地說：「我不敢相信龍女在很短的時間就能成佛。」因為釋迦牟尼佛是經過多生多劫，難行能行，難忍能忍，難捨能捨，修行菩薩道，在三千大千世界之中，無論任何一處，乃至像芥菜子那麼大的一個點上，無非都曾是世尊因地時代捨過身命之處。那都是為了眾生的緣故，然後乃得成就無上菩提的佛道。所以不信龍女能於極短的時間中成佛。言猶未畢，龍女已在面前出現。

雖然龍王女已現於會眾之前，舍利弗也不能信，龍女不久得無上道，因為「女身垢穢，非是法器，云何能得無上菩提。」又且「女人身猶有五障：一者不得作梵天王，二者帝釋，三者魔王，四者轉輪聖王，五者佛身。云何女身速得成佛？」

這段經文是說，舍利弗也不相信，他根據世尊所說的其他經律，認為女身不淨，不是法器，而且女人有「五障」，亦即女性：1.不能做梵天王，是色界梵天的天主；2.帝釋，是欲界三十三天天主；3.魔王，是欲界第六天他化自在天的天主；4.轉輪聖王，是在人間統一治理四天下的飛行皇帝；5.佛，就是成等正覺的大覺智者。這五種障難，女人都沒有辦法突破，更何況是馬上成佛？

爾時龍女現身說偈，並以寶珠，「持以上佛，佛即受之。龍女謂智積菩薩、尊者舍利弗言：我獻寶珠，世尊納受，是事疾不？答言：甚疾。女言：以汝神力，觀我成佛，復速於此。當時眾會，皆見龍女，忽然之間，變成男子，具菩薩行，即往南方無垢世界，坐寶蓮華，成等正覺。三十二相、八十種好，普為十方一切眾生演說妙法。」

此時，來自娑竭羅龍宮的八歲龍女，自己就現身說法，將事實呈現在大眾面前。首先，她把價值三千大千世界的寶珠獻給釋迦世尊，佛就接受下來。所謂「龍珠」，龍最寶貴的就是那顆珠，此處則是表徵著如來果位的功德明珠。接著問懷疑他的智積菩薩與舍利弗尊者：「我現在把我的寶珠獻給世尊，你們看到了嗎？依你們看，我這樣的動作是不是很快就完成了？」

「是啊，很快啊！」他們如此回答。

「那麼，以你們的神通力來看我成佛，比這個還要快！」龍女不只嘴巴說說就算了，接著就真的顯現給他們看。

龍女在忽然之間就變成男人相，具足菩薩行，而且馬上前往南方無垢世界，坐在七寶蓮花座上成了佛，演說妙法，普度一切十方眾生。

此品說明，惡人與畜女，皆能由於《法華經》而成佛道，一是將來成佛，一是立即成佛。因此而使「無量眾生，得受道記。」

一三、勸持品——尼眾受記，佛後弘經

以上諸品，佛陀已為許多二乘聖者，有學無學，乃至惡人畜女都授了記。這一品，則是為比丘尼眾授記。

有藥王菩薩摩訶薩，大樂說菩薩摩訶薩，與二萬菩薩眷屬俱，皆於佛前，作是誓言：「我等於佛滅後，當奉持、讀誦、說此經典。後惡世眾生，善根轉少，多增上慢，貪利供養，增不善根，遠離解脫。雖難可教化，我等當起大忍力。讀誦此經，持說，書寫，種種供養，不惜身命。」

這段經文是說，藥王與大樂說等菩薩及其二萬菩薩眷屬，皆於佛前誓言，於佛滅後，奉持、讀誦《法華經》，嗣後惡世眾生，善根少，增上慢多，貪求供養，多增不善，遠離解脫之道，非常難以教化，這些菩薩們仍當生起大忍力，讀誦、奉持、宣說、書寫，以種種供物供養此經，縱失身命，在所不惜。

每一尊佛成佛之後，佛法的住世流傳，本經雖只說有正法、像法兩個時期，也有分為三個時段的：1.正法時期：為佛住世及涅槃後的第一個五百年（前五百年），此時因去佛不遠，善根還非常深厚，弟子們聽到佛法以後，很容易就能證到聖果，證果的多，不證果的反少。2.像法時期：佛滅後第二個五百年（中五百年）開始，共有一千年的時間（也有說五百年），這時無法那麼純粹地修行佛法，所以修行的人多，而證聖果的人少。3.末法時期：從佛滅後一千五百零一年（後五百年，或說是從佛滅後一千零一年）開始算起，一共是一萬年的時間。

釋迦牟尼佛出生於兩千五百多年前，相當於中國的周昭王時代，到了隋朝，便已進入末法時期，所以當時有一位慧思禪師非常憂慮，因為在這個階段，聽佛法的眾生愈來愈少；聽了佛法之後能相信，並且照著去實行的更少；即使能實行，但真正證悟聖果的人，幾乎是沒有。我們現在就正處於末法時期。

「後惡世」若據三期之說，就是指的末法時期。修學佛法，叫作「有善根」；不學佛法叫作「缺善根」；努力精進於佛法修行叫作「多善根」；修行佛法而懈懈怠怠的，叫作「少善根」。不修佛法而多造惡、不善業，叫作「增不善根」。

跟著，已得授記的五百阿羅漢，及有學無學八千人，皆自誓言：「當於他國土，廣說此經。所以者何？是娑婆國中，人多弊惡，懷增上慢，功德淺薄，瞋濁諂曲，心不實故。」

這段經文是說，已經授記的五百阿羅漢及八千有學無學，皆誓言，當到他方佛國廣說此經，因為此土之人多弊惡、增上慢、功德淺，加上瞋濁諂曲，心地不實在。既然此土眾生到那時候難可教化，便去他方世界弘經度眾了。

接著佛為姨母摩訶波闍波提比丘尼授成佛記，號曰一切眾生憙見如來；與有學無學比丘尼六千人俱，授成佛記莂。復為羅睺羅母耶輸陀羅授記作佛，號曰具足千萬光相如來。

佛的姨母及妃子在佛成道後，都隨佛陀出家，並在此時接受授記莂。釋迦牟尼佛的母親摩耶夫人，在他出生七天以後，便往生忉利天國，是釋迦牟尼佛的姨母摩訶波闍波提夫人把他扶養長大的。未出家前，佛也曾經結婚生子，妃子為耶輸陀羅，羅睺羅就是他們兩人的親生兒子。這裡講得很巧妙，不說她是佛的夫人而說是羅睺羅的母親。因為她是出家成道之前釋迦太子的夫人，的確不是佛的夫人。

諸比丘尼皆大歡喜，得未曾有，而發誓言：「世尊！我等亦能，於他方國土，廣宣此經。」復有八十萬億那由他諸菩薩摩訶薩，而作是念：「世尊，我等於如來滅後，周旋往返十方世界，能令眾生，書寫此經，受持、讀誦、解說其義，如法修行、正憶念，皆是佛之威力，唯願世尊，在於他方，遙見守護。」

這些大菩薩們，都非常歡喜而發誓願：世尊，在您涅槃以後，我們將周旋往返於十方世界，使得所有眾生都來書寫此經，並且受持、讀誦、解說此經，要讓他們如法修行，能正憶念，這些都是佛陀的威力，但願世尊，即使佛在他方，也還要遠遠地守護著我們喔！

事實上，佛在此界涅槃以後並不是真正從此不見，而是在他方還有無量分身諸佛。就好像多寶如來一樣，雖然在無量劫前已經涅槃了，但是他的分身佛還在無量國土說法，此時，他的全體分身都在法華會上集合，釋迦牟尼佛未涅槃前即有十方無量分身諸佛，涅槃以後也是這樣。所以他們希望在他方的釋迦牟尼佛，還會照顧到這些發願要在十方世界說《法華經》的大菩薩們。

偈言：「唯願不為慮，於佛滅度後，恐怖惡世中，我等當廣說。」「有諸無智人，惡口罵詈等，及加刀杖者，我等皆當忍。」

這兩偈經文是說，法師當以如來的柔和忍辱為衣，於惡世中修忍辱行，弘講《法華經》的大法。唯願佛陀不要擔心，當佛涅槃以後，雖在恐怖惡劣的環境中，這些大菩薩們還會繼續不斷地說《法華經》。雖然許多愚癡沒有智慧的人，甚至於聽到誦經、說法，就用惡毒的言詞辱罵，就用刀棒來加害法師，他們也都會忍受，不會退心。

偈言：「濁劫惡世中，多有諸恐怖，惡鬼入其身，罵詈毀辱我。」「我等敬信佛，當著忍辱鎧，為說是經故，忍此諸難事。」

「我不愛身命，但惜無上道，我等於來世，護持佛所囑。」

這三偈經義，是在說明這些得阿惟越致的大菩薩們，願在濁劫惡世中，受種種難，不惜身命，但惜佛道。

「濁劫惡世」，即是本經〈方便品〉所說的五濁惡世，五濁又名五滓或五渾，謂於一大劫內分成四個段落，名為成、住、壞、空的四個中劫。在第二住劫之內，人壽二萬歲之後，世間有五種渾濁不淨之法產生，即是五濁：劫濁、見濁、煩惱濁、眾生濁、命濁。在劫濁之中有四濁，由於有了其他四濁，這個時段名為劫濁。五濁渾亂的世間，名為濁劫惡世。

「我不愛身命，但惜無上道」，這兩句話是《法華經》裡的名言，非常重要，凡是學佛的人，都應背起來，念茲在茲，不離於心，弘法、學法、護法，都需要用身命，但此肉體的身命跟佛法的法身慧命兩者比較起來，寧取無上的佛道，不惜捨此身命。如果沒有這樣的懇切勇猛心，要望成佛，就很難了。

接下來的〈安樂行品〉，將為我們點出，如何在惡世之中，修持《法華經》、弘揚《法華經》的方法，稱為四種安樂行。

一四、安樂行品——身口意誓，四安樂行

在前述〈勸持品〉中說，於惡世弘經，有諸恐怖，惡鬼入身、罵詈毀辱等種種苦難，使得初發心者，可能望而卻步。本品則告訴我們，雖處惡世，若能實踐身、口、意、誓的四安樂行，便得安樂。

〈安樂行品〉是本經迹門中的最後一品。「安」是安穩、安定，也就是不受煩惱心所動的意思；「樂」是喜悅、快樂，也就是遠離痛苦困擾的意思。本經〈藥王菩薩本事品〉有云：「若如來滅後，後五百歲中，若有女人，聞是經典，如說修行，於此命終，即往安樂世界，阿彌陀佛，大菩薩眾，圍繞住處，生蓮華中，寶座之上。」在《無量壽經》亦將阿彌陀佛的淨土，名為安樂土，《阿彌陀經》則譯為極樂國。可知安樂行，就是往生佛國的淨業行。

此品是文殊菩薩請示釋迦世尊，菩薩如何於惡世中，修行此《法華經》。

文殊師利菩薩白佛言：「是諸菩薩，甚為難有，敬順佛故，發大誓願，於後惡世，護持讀說是法華經。世尊，菩薩摩訶薩，於後惡世，云何能說是經？」

佛告文殊師利：「若菩薩摩訶薩，於後惡世，欲說是經，當安住四法。」

這一段經文是文殊師利菩薩一邊追述讚歎〈勸持品〉中佛陀所說，於佛滅後，菩薩在濁劫惡世中弘經之不易，一邊又問：「世尊啊，大菩薩在後五百世，濁劫惡世之中，如何能說這部《法華經》呢？」

佛回答文殊師利菩薩：「如果有大菩薩們在後惡世之中，要說這部《法華經》，應當安住於四種法門。」

「安住」在此處是遵照著如下所說的四種法門去做，而且是經常照著去做。

（一）者，身安樂行：「安住菩薩行處及親近處，能為眾生演說是經。」

此中有兩點，一是安住於菩薩行處，二是安住於菩薩的親近處，這樣就能夠演說這一部《法華經》了。菩薩行處，一般而言，是菩薩之大行，即如布施等之六度，詳則如普賢菩薩所修之諸大願行。菩薩親近處，是菩薩之善知識，初發心者當有親教師，出家菩薩有依止師，凡是知法知律的具德善知識，均宜親近，廣則如《華嚴經》的善財童子，在文殊師利菩薩指引之下，參訪了五十三位大善知識。

依據坂本幸男的〈妙法蓮華經注〉所舉，「行處」的梵文是ācāra，修行者以實踐而悟真理之意；「親近處」的梵文是gocara，尚未悟得真理、但已在修習而近於真理之意。

接下來則說明本經所說的「菩薩行處」是什麼：

「云何名菩薩摩訶薩行處？若菩薩摩訶薩，住忍辱地，柔和善順，而不卒暴，心亦不驚，又復於法無所行，而觀諸法如實相，亦不行、不分別。」

這是釋迦牟尼佛向文殊菩薩指出，菩薩摩訶薩的行處，主要是內心的修證工夫。第一是「住忍辱地」，有生忍及法忍。住生忍者，能忍眾生施予的瞋罵、捶打等之凌辱；住法忍者，能忍寒、熱、風、雨、飢、渴、老、病等之迫害。能於此二忍，安住而心不動搖，不生煩惱，是為住忍辱地。

「柔和善順」跟忍辱有連帶關係，如〈法師品〉有「柔和忍辱衣」，能住忍辱地，即能做到用語不剛強，謂「柔和」，又能順從真理，謂「善順」。「柔順」二字，常在佛典中連用成為一個名詞，例如《無量壽經》有三忍：「一者音響忍，二者柔順忍，三者無生法忍。」柔順忍是心柔智順之意，也就是說，菩薩若住忍辱地，便與無相無我的如實智相應。

「善順」，是善順於理，則悟真理而入實相；善順於事，則如普賢菩薩十大願裡的第九願「恆順眾生」，就是善順眾生的根性，有教無類，平等普化。

「而不卒暴」，就是不會動不動便耍脾氣、鬧情緒、怒不可抑、暴跳如雷。在任何狀況下，都能心平氣和、從容安閒。

「心亦不驚」，就是不會驚惶失措，也不會驚駭恐懼，受到任何狀況的衝擊，裡面也不會慌亂緊張。

在《虛雲和尚年譜》裡面，有這麼一段記載：老和尚住在雲南雞足山的時候，當地的一位軍閥李根源入山占廟，不僅毀壞佛像，還殺了出家人。虛雲老和尚便前去見這位李將軍，衛兵好心地勸他：

「哎呀！老和尚你還敢來啊？趕快走吧，要是被我們李將軍看到了，你的腦袋恐怕就不保了！」

「我就是要見李將軍，死也是應該的。」老和尚毫不畏懼，無論如何一定要見李將軍一面。

終於還是見到了，一見面李將軍就破口大罵：「佛教有什麼益處？和尚是做什麼的？不做好事，專門做一些怪事！」

這時，老和尚不畏不懼，非常鎮靜地據理而說，一一回答李根源所責難的問題。最後這位殺人不眨眼的李將軍被老和尚的人格及他所說的道理感化，反而成為老和尚的弟子。到後來，他與雲南將軍蔡鍔（蔡松坡），都對雲南的佛教做了很大的護持。

「又復於法無所行」，此處的「法」是指如實的真理，菩薩以觀智，觀一切法，都非真實，是故雖行於一切法，而不分別執著所行之法相。菩提達摩有〈二入四行〉，即理入與行入。理入乃實證如實之真如實相；行入有四：報怨行、隨緣行、稱法行、無所求行。經文中的「無所行」，相當於二入中的理入及四行中的無所求行。例如菩薩修行忍辱行時，雖然受著迫害打罵，心中卻不存有受辱的自我，不存有加辱自我的對象，也不存有忍辱這樣的事實，便是於法無所行了。

「而觀諸法如實相」，是菩薩以觀智，領悟諸法的如實相，實相即無相，而如實相，並非空空如也的頑空，也非寂滅不動的涅槃相。既不滯於凡夫執有，也不偏於二乘著空。

「實相」也可以說是一般人所講的「真理」、「真諦」，它不變、不壞、不動，遍處都存在，它是一切法，即非一切法，任何一法不離實相，實相並不就是任何一法。你抓也抓不到，摸也摸不著，但是也不離你所抓所摸的。其實「實相」就跟我們的時空同在，若你心生執著，那就是幻相而非實相，心無執著，超主觀也超客觀，那便實際體驗到了實相。有謂「夜夜抱佛眠，朝朝還共起」。佛的法身無相即是實相。

「亦不行，不分別」，太虛大師的《法華經講演錄》云：「然但觀空而不修有行，將滯著於小乘而無所利，故菩薩不專以空為觀行；又但觀有而不修空行，將滯著於生死而無所證，故菩薩不專於有起分別。」此即「亦不行，不分別」。

「云何名菩薩摩訶薩親近處？」

「親近」，前面已經解釋過，學佛的人，當以上求佛道的智慧心親近善知識而不近惡知識，當以下化眾生的慈悲心親近善知識，不近惡知識。善知識令人趣向佛道，惡知識令人趣向邪道。本品先說不得親近者是哪些對象，次說宜以親近處是些什麼。

列舉不親近王臣權貴、外道、文藝、凶戲、幻術、漁獵、畜牧，以及好求聲聞的四眾，小女、處女、寡女、不男等人。

經文裡面舉了很多例子，教我們不要親近以上這些人，也就是說，一個弘揚《法華經》的法師，不應該親近下列這些人：

「王臣權貴」，經文列舉了「國王、王子、大臣、官長」不可親近。權勢中人，是充滿是非爭鬥的場合，一旦被捲進去之後，就是不做仗勢顯威的事，也可能被視為有利可圖。但所謂「成者為王、敗者為寇」；又有謂「一朝天子一朝臣」，用勢而起，也可能於失勢之時，惹來災難。

一個法師，個人受到損害尚沒有什麼關係，如果使得整個佛教遭池魚之殃，受損可就大了。所以弘揚佛法的法師，不參與政治權力的鬥爭，但還需要請求權貴王臣們來護法，不因為他們上台、下台、出場、進場而使佛法受到盛衰起落的影響；法師不得奔走於權勢場中，卻需要以慈悲和智慧來因應！故在本品的偈中也說：「從禪定起，為諸國王、王子臣民、婆羅門等，開化演暢，說斯經典。」

「外道」是指佛教之外其他的一切宗教，經文中有「梵志、尼揵子等」。梵志的梵文 brāhmacārin 是婆羅門生活的四個時期之一，即隨師修行過獨身生活的學生期。《大智度論》卷五十六云：「梵志者，是一切出家外道。」

「尼揵子」的梵文是 Nigrantha Jñātiputraḥ，現代人稱他們為耆那教，創始祖是世尊時代六大思想家之一，本名 Vardhamāna，被尊稱為大悟的聖者 jina，故將此派稱作耆那教。

在世尊時代，佛弟子們也不排斥外道，只是不以外道師為學習修行法門的對象。在今天的佛教徒，亦不排斥其他宗教，並將其他一切有益於社會的宗教稱為友教，共同為社會大眾的利益做奉獻，只是佛教徒宜親近法門善知識，不應捨佛法而修學其他宗教。

「文藝」，在經文中舉出「造世俗文筆、讚詠外書，及路伽耶陀、逆路伽耶陀者」。是指世俗文學的小說、散文、詩詞、唱歌、外道哲學經典。路伽耶陀 lokāyata 譯為順世外道，逆路伽耶陀 vāmalokāyatika 譯為左順世外道。文藝如係表現佛法的，當然不錯，若係耽於世俗的文藝，荒廢佛道的修行，就不是本經所說的安樂行了。

「凶戲」就是危險的遊戲。在經文中舉出「相扠、相撲及那羅等」，相扠是以拳掌競技，相撲是以捽角競技，那羅是以彩色繪面塗身，做種種幻術變現。

「漁獵」、「畜牧」屠宰等都是殺生業，也不得做為親近的對象。

「聲聞」是小乘，他們不修菩薩道；所有在家出家的「四眾」佛弟子，都不應該去學二乘法，要學大乘法。

經文中說：「菩薩摩訶薩，不應於女人身，取能生欲想相而為說法。」「不與小女、處女、寡女等共語。」「諸婬女等，盡勿親近。」小女即幼女，處女即守貞不婚者，寡女即婚後喪夫獨居者，淫女即以賣淫為生活的女子。對於修行梵行的人來說，這四類女性是親近不得的，甚至也避免於隱屏處單獨為女人說法。如果這位說法師本身就是女性，則對小兒、獨身男子、性徵不明確的人及特種營業者，小心謹慎，不可於隱屏處為之說法。

「不男」，經文是說：「亦復不近五種不男之人。」依據《十誦律》卷二十一云，有五種不能男，通常是指：1.生不男，是生來男根不發育者；2.犍不男，以刀截除男根者；3.妒不男，平時為女性，因見他人行淫，便生妒心，而男根勃發者；4.變不男，性器官能遇女人變男根，遇男人變女根者；5.半月不男，半月為男根之用，而半月不為男根之用者。

經文裡告訴我們：「若為女人說法，不露齒笑，不現胸臆。」說法師最好是：「常好坐禪，在於閑處，修攝其心。」

以上是教菩薩，嚴淨毘尼，持清淨律儀，同時不忘定業精進，修習禪法，是為菩薩的第一親近處。

又當「觀一切法空、如實相、不顛倒、不動、不退、不轉、如虛空，無所有性。一切語言道斷，不生、不出、不起、無名、無相，實無所有，無量、無邊、無礙、無障，但以因緣有，從顛倒生故，說常樂觀如是法相，是名菩薩摩訶薩第二親近處。」

前面既說持戒修定的重要性，現在則告訴我們，當修慧學。此乃由戒生定，由定起慧，三無漏學，次第完成。至於慧學，即以觀諸法皆空為基礎，能夠如實觀空，便語言道斷而但因緣是有。此與《中觀論》所說「眾因緣生法，我說即是空」，是一致的。恆常樂觀如是的諸法空相，便是菩薩的第二親近處。

「一切法空」是真諦，「因緣有」是俗諦，真空出於俗有，不明真空但執俗有，便是生於顛倒。此段經文以十八句形容一切法空。

「如實相」，實相即諸法空相，如實相是即空即有相。不會偏空偏有，因此名為「不顛倒」。

「不動」，空相即是如實相，既是如實，便是如如不動的。既是恆常不動，故亦不會「退」、不會「轉」，那就像「虛空」一樣的寂滅而無「所有性」的歸屬。體驗到了這種程度，已經不是用語言可以表達說明。此時所見的諸法空相，即是無為相，故已沒有「生」、「出」、「起」的三種有為相。既是無為的空相，故亦「無名」亦「無相」。

實相「無所有」，因此才是「無量」的、「無邊」的、「無礙」的、「無障」的。除了生起「顛倒」見，執著「因緣」法為實「有」，一切諸法，當體即空。「一切語言道斷」即是不可思不可議，《瓔珞經》卷下云：「言語道斷，心行處滅」。《仁王經》卷上亦云：「心行處滅，言語道斷，同真際，等法性。」都是說明諸法空相，實已無法利用語言、文字、思想等的符號來表達了，那唯有「如人飲水，冷暖自知」。也就是本經〈方便品〉中所說「唯佛與佛，乃能究盡諸法實相」了。

（二）者，口安樂行：「如來滅後，於末法中，欲說是經，應住安樂行。若口宣說，若讀經時，不樂說人及經典過，亦不輕慢諸餘法師。不說他人好惡長短。於聲聞人亦不稱名說其過惡，亦不稱名讚歎其美。又亦不生怨嫌之心。善修如是安樂心故，諸有聽者，不逆其意。有所難問，不以小乘法答，但以大乘而為解說，令得一切種智。」

這段經文是說，在如來涅槃之後的濁劫惡世末法時代，弘揚這部《法華經》的人，還應住於第二種口安樂行。那就是不樂意說他人過失及其他經典的不好，亦不用語言輕慢其他的法師們，也不說他人的三長兩短。對於二乘聲聞人等，既不說他們的過失，也不稱名讚其美好，不生怨嫌之心。若有求聽法者，不得違逆其心，若有對於法義的困難諮問，不可小看他們而用小乘法回答。既是大乘法師，唯以大乘的觀點為之解說，令其畢竟獲得佛的一切種智。

第一安樂行，主要是以身儀的踐履而開出智慧，第二安樂行則以口儀的踐履來開發智慧。

許多法師常常會犯這些過失，讚歎一部經便批評餘部經，稱揚己德而批評輕慢其餘法師，在講壇上往往同行是怨家，說長說短。對於不同宗派或者不同師承，或者持有不同看法的法師們，便針貶撻伐，毫不容情。因此形成互相詆毀，彼此攻擊，法門鬩牆，形同水火，便不是安樂行了。

所以我經常主張，不論是門內人或門外人破壞我們，我們不必回應，只要盡心盡力把正確、正信的大乘佛法弘揚出去，使得更多更多的人了解佛法，也就可以了。這要比指摘他人還能博得更多的認同，至少不做朋友，也不樹敵人，否則就與安樂行相違了。因為，雖然對方明明不好，但是你一批評他，自己反而會失去立場，甚至反為自己引來更多更多的毀謗；但也不要去讚美毀謗大乘佛法的人，那也是失去自己立場的作法。

可注意的是，本經前述諸品，唯說「正法」、「像法」，未說諸佛的末法住世有多久年代。在這一品的第一安樂行前，也只說「於後惡世」，到了第二安樂行便出現「如來滅後，於末法中」的末法字眼了。到第三安樂行中，又回到「於後末世，法欲滅時」的表達方式，第四安樂行中，也未再用「末法」二字。依據岩本裕譯出的梵文《法華經》，〈安樂行品〉的第二安樂行，也只是說：「如來進入完全平安的境地之後時期、後時節中，正法之教衰微的最後五百年間。」也未出現「末法」的字眼。《正法華經．安行品》中的此段譯文，亦未見末法二字，《添品法華經》的同段經文，則有「末法中」的字眼。

（三）者，意安樂行：「於後末世，法欲滅時，受持讀誦斯經典者，無懷嫉妬諂誑之心，亦勿輕罵學佛道者，求其長短。」若四眾之中求三乘道者，「無得惱之，令其疑悔。」「亦不應戲論諸法，有所諍競。當於一切眾生，起大悲想；於諸如來，起慈父想；於諸菩薩，起大師想；於十方諸大菩薩，常應深心恭敬禮拜；於一切眾生，平等說法，以順法故，不多不少，乃至深愛法者，亦不為多說。」

這是第三種意安樂行。

這段經文的意思是說，凡是佛後的末世，佛法將滅，而能修持弘揚《法華經》者，不得懷有嫉妒諂誑之心，也不得對於真心學佛的人，說其長短。即使於僧俗四眾之中，有求聲聞、辟支佛及菩薩道者，亦不可惱亂他們，使他們對於所修之三乘道法產生疑惑悔恨，說他們永不得佛的一切種智，亦不做無聊的論議爭辯。當對眾生，起大慈悲；對於如來，作慈父想；於一切菩薩，恭敬禮拜；於諸眾生平等說法，不多不少。

「求其長短」，這是出於嫉妒心，便對某人或某群人，於背後批評，說其部分之優點好處，道其更多的缺點壞處，以消心中的悶氣。也有是出於諂誑心，虛情假意，向人做種種不實之美言，目的是為損人而益己。一般所謂的小人，往往在人面前說此人好，在人背後又說此人惡，能夠不以嫉妒諂誑心論人長短臧否，已是世間善人，但是目前社會上不以無聊心說人長短的，的確太少。

「無得惱之，令其疑悔」，是對那些比丘、比丘尼、清信士、清信女們，如已在修學三乘佛法，雖不知唯一乘法，也不要去惱亂他們，說他們離道甚遠，終不能成佛，引起他們對所修行的法門生疑悔心，退失對於三寶的信心，同時又不能進入唯一佛乘，這就等於是斷人善根了。做為一個弘經的人，但說大法之妙，不貶小法之缺。我們現代人處身宗教信仰多元化的環境，亦不宜去惱悔其他宗派或其他教派的信眾，但求盡自己所能，弘揚正信的佛教。

「戲論」，開玩笑或做無意義的辯論。天南地北，不著邊際，把一句話翻來覆去地玩弄小聰明，卻沒有真正地說出一番道理來，俗稱滑稽、冗談、閒聊。以耍嘴皮來鬥勝負，名為「諍競」。說法時，宜句句實話，不說廢話，不要兜著圈子玩文字遊戲。

「當於一切眾生，起大悲想」，這是弘法說法者所應該注意的。見到一切眾生，心裡就要起大悲心，願他能夠將來必定成佛；不僅僅是心裡這麼想，口頭如此說，還要真正去做。只要有任何一個眾生跟佛法有緣，願意來聽聞佛法，不論他的根器或利或鈍，都要不厭其煩地為他說法。若是眾生不想聽佛法，也要不辭辛苦，用種種的方便，使得他能夠接觸佛教、認同佛法，這就是「起大悲想」。

「大悲」就是沒有條件的慈悲心，前述的同體大悲、無緣大慈，沒有親疏、厚薄、遠近之分，是一律平等的，這個眾生要度，那個眾生也要度，雖度一切眾生，仍不以為自己度了眾生，不僅是眾生自度，根本無一眾生可度，永久地如此度化眾生，就叫作大悲。

「於諸如來，起慈父想」，這有兩層意思：1.以一切諸佛的悲智功德為孺慕的對象，故以諸佛為慈父。2.以諸佛所說的唯一乘法為依怙，以諸佛的法身為慈父。因此，十方如來無一不是慈父，則十分地安全；一切成佛的法門，無一不是慈父，則十分地富裕。自己就像是「窮子喻」中的窮子，認父歸宗，也像「火宅喻」中的兒童，上了父親的大白牛車，直奔成佛的涅槃大城。

「於諸菩薩，起大師想」，面對一切修持六度萬行的菩薩，則要把他們當成大師來看。在佛經裡面的「大師」一定是指佛，前面提到要把佛當成慈父來看，這裡又說要把菩薩行者當成佛來觀想。

「於十方諸大菩薩，常應深心恭敬禮拜」，東、南、西、北、東北、西北、東南、西南，還有上、下，叫作「十方」。此諸大菩薩，是在現在的十方諸佛國土，除了諸大乘經中所說所舉常見的諸大菩薩之名，尚有無量無數不知其名的諸大菩薩，我們修行意安樂行，就當常以深切的恭敬心來禮拜他們，他們雖不現身在我們面前，也當恭敬禮拜。這也有兩種原因：1.是對於他們的修行功德生恭敬心；2.是為了見賢思齊，起仰慕心。

如果比照本經的常不輕菩薩，見到四眾，逢人禮拜，並口稱：「我不敢輕於汝等，汝等皆當作佛。」那是將一切人看作現在的菩薩，未來的佛。即使惡人如提婆達多，也是從相反方向幫助世尊早日成佛，故亦應將一切惡律儀人，視作菩薩，不起瞋心，反生恭敬感恩之心，這也是《法華經》的勝妙所在。

「於一切眾生，平等說法」，對一切眾生沒有親疏厚薄之分，否則就不是平等說法，就與〈藥草喻品〉的「一相一味」違背了。舉例來說，如果你的兒子要參加考試，正好你是出題老師，這個時候應如何打算？是不是在入闈以前先放水？這是作弊，對他人的孩子不公平，對你自己的兒子也不公平，因為你沒有教他好好讀書，將來這個兒子也會被你誤了，所以平等是好的。

「平等說法」有兩種意思：1.是佛才能做到的，就是「佛以一音演說法，眾生隨類各得解」。2.是人人都能得到各自所需的法益，即是說法者能夠因材施教、有教無類。

拋開法師本身的程度不談，只是針對對象的需求而說法，這也是平等，而且是真的平等，因為眾生需要什麼就給予什麼，不會少給他一些，也不需要多給他一些，這是恰到好處地給了他。所以經上說：「以順法故，不多不少，乃至深愛法者，亦不為多說。」這是《法華經》的立場，對學淺的人不需要少說，對學深的人也不需要為他多說。

可能有人會問：「這還算什麼公平啊？」

這是有道理的。同一人在同一時間說同樣的法，淺人聽的是淺法，深人聽的是深法，這才是真正平等的佛法。前面的〈藥草喻品〉就曾這樣比喻：雖然天上下的是同等一味的雨，可是大樹能夠接受到的雨量最多，小樹接受到的較少，而小草能接受的更少。這並不是因為佛降的法雨有多有少，而是因為眾生自己的根器，所以才有多有少。

另外在《優婆塞戒經》卷一，有個「三獸渡河喻」，說有象、馬、兔三種動物渡過同一條河，象的四隻腳能夠踏踏實實地踩著河床過去；可是馬的個兒沒有象那麼高，在下水、出水的河邊兩岸，牠的四隻腳還能夠踩到河床，但是到了中間就踩不到底了；兔子一下水就浮在水上，牠完全不知道從此岸到彼岸的水有多深，但是也這樣地划過去了。

在這種情形下，河水對牠們來講是平等的，並不會因為對象的不同而改變深度，只是由於牠們自己的根器不同，認知也就各不相同，但最後仍然全都過了河。對於一味平等的佛法來說，三乘不離一乘，雖然三乘人未能體會一乘法，一乘法中並未拋棄三乘法。

「有成就是第三安樂行者，說是法時，無能惱亂。得好同學，共讀誦是經，亦得大眾而來聽受。聽已能持，持已能誦，誦已能說，說已能書。若使人書，供養經卷，恭敬尊重讚歎。」

這是讚歎鼓勵弘揚《法華經》的人，如果成就了第三種意安樂行，說法之時，便無人能來惱亂，就不會受到困擾，而且還能夠得到很好的同學伴侶，一起來讀誦《法華經》；也能得到許多的聽眾前來聽法，受持、讀、誦、解說、書寫，或者使人書寫、供養《法華經》，並對此經恭敬、尊重、讚歎。

「好同學」，同學有好有壞，你學了《法華經》是弘揚一乘法，他學《法華經》也弘一乘法，即是好同學。《維摩經．菩薩品》亦有「樂近同學」之句，羅什三藏對此經句的解釋是「我學大乘，彼亦如是，是名同學。」可見佛經中的同學，必定是指同學佛法的人，若在世學的同一學校乃至同級同班上課的人，一般也稱同學，唯與佛經所用者有異。

「受持、讀、誦、解說、書寫」是修行《法華經》的五種法門，為《法華經》起塔，恭敬禮拜供養，則為弘經的必須項目，已在前面〈法師品〉中介紹過，而本經諸品，也再三提起這種修持法門的重要性。

「供養」，對於學法的人而言，布施是為捨貪增福慧，供養是為恭敬培福慧，以自己所珍愛的財物奉獻資養，稱為供養，除了本經〈法師品〉中一共有十種供養，尚有多種分類：

（一）二種供養：財供養及法供養。

（二）三種供養：1.利供養，是指香、華、飲食等；2.敬供養，是指讚歎、恭敬、禮拜等；3.行供養，是指受持、修行妙法、觀行等。

（三）四事供養：是在家信眾對出家二眾所做的四種布施——飲食、衣服、臥具、醫藥。

（四）五種供養：塗香、華、燒香、飲食、燈明。

（五）十種供養：香、華、燈、塗香、水果、茶、食、寶、珠、衣。

其中除了四事供養僅是供僧，其他供養三寶、供塔、供經。既稱供養，便需具備禮儀，名為恭敬供養。恭敬禮讚三寶，能使人獲得感恩、謙虛、誠懇等人品成長的利益，也能使人獲得願意依教奉行的利益。已經虔信三寶的四眾佛子，供養三寶，應當跪著獻上供物以後，再頂禮三拜。

（四）者，誓願安樂行：「於後末世，法欲滅時，有持是法華經者，於在家出家人中，生大慈心；於非菩薩人中，生大悲心。應作是念：如是之人，則為大失，如來方便，隨宜說法，不聞、不知、不覺、不問、不信、不解。其人雖不問、不信、不解是經，我得阿耨多羅三藐三菩提時，隨在何地，以神通力、智慧力，引之令得住是法中。文殊師利，是菩薩摩訶薩，於如來滅後，有成就此第四法者，說是法時無有過失。」

這一段經文所說的是第四種誓願安樂行。在佛涅槃，後五百歲的末世之際，法將要滅亡之時，如果還有受持這部《法華經》的人，定當發大誓願：對任何出家或在家人，都能生起大慈心，對於不是菩薩的二乘人，也都能生起大悲心來。

如何生起大慈心及大悲心呢？應當對那些僧俗四眾及二乘聖者，作如此念：他們的損失實在太大了，如來已用種種方便，隨宜說法，他們竟然不聞、不知、不覺、不問、不信、不解此《法華經》。當我自己成佛之時，願我隨處都以神通、智慧，引導他們入住於此妙法之中。在佛滅後，若有人成就此第四安樂行，便能於說此《法華經》時，無有過失。

「於在家出家人中，生大慈心；於非菩薩人中，生大悲心」，這是說行此第四種誓願安樂行的說法師，對四眾佛弟子生大慈心，對於尚未進入大乘菩薩道的二乘人，生起大悲心。慈悲他們的惛迷不醒，執迷不悟；如來原係隨順眾生根機而權宜說出方便之教，眾生乃以下劣之心，生起執著，對於唯一乘法，無所聞、知、覺、問、信、解。故發大誓願，願在自己成佛之時，引導他們得住《妙法華經》的大法之中。

「不聞、不知、不覺、不問、不信、不解」，此六大事中，屬於前三事的人，根本還沒有機會親近到唯一佛乘的妙法，所以從未聞知，亦未明白。屬於後三事的人，則已聽說有唯一佛乘這個名相，卻無意願來探問、起信、理解。故於修持第四安樂行的法師成佛之時，要使這些屬於六大事的眾生，進住妙法之中。

常受四眾、國王、大臣、人民、婆羅門、居士等，供養、恭敬、尊重、讚歎。虛空諸天，亦常隨侍。

能做到第四種安樂行的話，就能夠受到信佛學佛護法的僧俗四眾、國王、大臣、一般民眾、婆羅門、居士等人的尊重、恭敬、讚歎，而且在虛空中的諸天也會常常跟隨著、保護他們，陪伴在旁，做他們的侍者。

「婆羅門」在印度才有，這是宗教師階級的種族，印度有四大階級的種族差別，第一是宗教師階級，名為婆羅門種姓；第二是武士王臣階級，名為剎帝利種姓；第三是商農階級，名為吠舍種姓；第四是奴隸階級，名為首陀羅種姓。能被婆羅門階級的人供養恭敬，一定是有大修行有大智慧的人。

「居士」梵文迦羅越（grhapati）意為居財之士，居家而志於佛道之士，例如維摩詰長者被稱為維摩詰居士，《注維摩詰經》卷二云：「什曰，外國白衣，多財富樂者，名為居士。」慧遠的《維摩義記》卷一云：「居士有二，一廣積資產，居財之士名為居士；二在家修道，居家道士名為居士。」以此可知大乘經典中，居士是在家人之中的大富之士或修道之士。故與一般人民有別，也與四眾之中的清信男女不同。在部派佛教的律典中則將一般的在家男女，通稱為居士及居士女。

在此〈安樂行品〉中，講完四安樂行，即舉「髻中明珠喻」，說明轉輪聖王髻中有明珠，平生絕不施予有戰功的兵將，最後才將此珠給與立大戰功的人，佛亦如是，成佛以來說種種法，直到即將涅槃之前，終於說了這部《法華經》。

以上共十四品，到此是《法華經》的迹門終了。

下編

本門

一五、從地涌出品——本門所化，無量無邊

這一品指出，釋迦牟尼佛並不是在兩千五百多年前，到了我們這個地球世界，生於印度才成佛的，他早在無量劫以前就已經是佛了。之所以會在釋迦族投胎、出生、結婚、生子、出家、經過六年的苦修、成佛、說法、入涅槃，這是佛為了慈悲、度化我們這個世界的眾生，所以才顯現「八相成道」的過程，藉此勉勵我們，讓我們產生信心：一個父母所生的肉身，一個曾經有妻有子的人間身，也能夠修行而成佛，我們當然也都有可能成佛。借用《法華經》的用語來說，釋迦世尊的一生，是迹門，是方便；到了這一品就告訴我們，他在無量劫前早就成佛了，而且已經度了無邊的眾生，是本門，是真實。

此品之前半為本門之「序分」。

敘述釋迦牟尼佛說畢安樂行品，即有來自他方國土超過八恆河沙數菩薩

摩訶薩，起立合掌作禮，白佛言：「若聽我等，於佛滅後，在此娑婆世界，懃加精進，護持，讀、誦、書寫、供養，是經典者，當於此土而廣說之。」

這一段敘述釋迦牟尼佛說完〈安樂行品〉之後，從他方國土十方世界來的有超過八恆河沙數的菩薩摩訶薩，起立合掌，向佛作禮，而向佛說：「我們都願意護持、保護，在娑婆世界讀、誦、書寫、供養這部經典的人，而且永不懈怠，希望這些人在此世界，能夠好好地弘揚這部《法華經》。」

爾時佛告諸菩薩摩訶薩眾：「止，善男子，不須汝等護持此經，所以者何？我娑婆世界，自有六萬恆河沙等菩薩摩訶薩，一一菩薩，各有六萬恆河沙眷屬，是諸人等，能於我滅後，護持，讀、誦，廣說此經。」

這一些菩薩們實在是好心，可是釋迦牟尼佛不願煩勞他們。他說：「慢、慢、慢！好人們，不需要你們來護持這一部經典了，因為我在這個娑婆世界已經有了相當於六萬恆河沙數的菩薩摩訶薩，每一個菩薩又都有六萬恆河沙數的眷屬。他們在我滅度以後，都會是護持、讀誦、廣說這一部經典的人。」

八恆河沙與六萬恆河沙一比，當然是六萬多，所以釋迦牟尼佛很安心，不用麻煩這他方八恆河沙數的菩薩。這麼看來，在娑婆世界的我們，如果讀誦這部經典，就有六萬恆河沙的菩薩摩訶薩來護持，所以我們一定要有信心，發大悲願，弘揚《法華經》。

「佛說是時，娑婆世界三千大千國土，地皆震裂，而於其中，有無量千萬億菩薩摩訶薩，同時涌出。」

「三千大千世界」就是一個佛國土，是一尊佛所教化的區域範圍。釋迦牟尼佛的國土叫作娑婆世界，娑婆世界的範圍並不等於這個地球，地球只是娑婆世界裡的一小部分，是小千世界的千分之一。（有關三千大千世界的詳細解釋，請參考〈化城喻品〉及〈法師功德品〉。）當佛正在說這句話的時候，剛好三千大千世界所有國土的地面通通裂開，而在這些裂開的國土裡，有無量無數的菩薩們同時涌出。

從初涌出，讚歎於佛，經五十小劫，佛及四眾，默然而坐，「佛神力故，令諸大眾謂如半日。」

那無量數的菩薩摩訶薩，一出現就讚歎佛，釋迦牟尼佛以及當時在印度靈鷲山的所有四眾弟子，都坐在那邊默默地聽；由於佛的神通力量，雖然經過五十個小劫，他們感覺到的時間好像只有半天而已。

在〈提婆達多品〉曾經解釋過「劫」的意思，這裡的「五十小劫」還不到一個大劫，也不到三個中劫，因為一個中劫有二十個小劫，四個中劫的成、住、壞、空，為一個大劫。

藉此機會再說明一次，時間長短與客觀的感覺和過程沒有絕對關係，而是在於主觀的經驗，同一個人在不同的時間中，對時間長短的感受就會有所不同。有的人覺得一天很短，一下子就過去了；有的人則是度日如年。

過得快是因為你很專心、很投入，覺得很有趣味，很喜歡，甚至於覺得這是享受，因此很長的時間一晃就過去了。如果是使你感到痛苦的事，那麼就會「夜長夢多」，因為「夢多」，所以覺得「夜長」，做了一個又一個的夢，而且都是惡夢，就會覺得長夜漫漫，好像永遠等不到天亮一樣。這是主觀的經驗決定了時間的長短。

另一方面，從客觀來看也能夠決定你對時間長短的認知。在一天之中，如果你經歷許多事，也完成很多很多的工作，對你來說，這只是短短的一天，可是從客觀價值看，你這一天所使用的時間，是相當地長。有人一天睡四個小時，甚至更少就足夠了，但是他所完成的工作量相當於他人的三或四倍；若以經濟價值說，他的時間就比別人長。但也有人一天要睡十多個小時才夠，睡醒之後，還有一、兩個小時是糊里糊塗的，不能進入工作狀況，從經濟價值來說，這種人的時間就太短了，因為他能做的事情非常少。

我自己就有許多這樣的經驗，例如有一次我在美國一邊主持禪七，一邊還能寫書；在此同時有一位居士替我謄寫，他連夜地趕，都還來不及抄，而我就這麼一邊主七，一邊把一本書也完成了。但我主持的禪七並沒有因此遜色，每一位參加禪七的人還覺得我這個師父給了他們很多，晨坐、晚坐、早晚課誦、小參、講開示，一切照樣。當我離開美國的時候，連我自己都覺得這是料想不到的事，這一個星期的時間竟然這麼長、這麼夠用，能完成這麼多的工作，所以「忙人時間最多」，真是不可思議。

時間的長短，可因人、因地、因事而異的，請諸位相信吧！

由此看來，「經過五十個小劫，感覺上只有半天的時間」是可能發生的，這可以說是事實，人間凡夫半天的時間，對那些大菩薩們、十方諸佛來說，等於五十個小劫。為什麼？因為在這個過程中發生的事情太多太多了。《華嚴經》說「長劫入短劫，短劫入長劫」，理亦在此。

中國有一則〈黃粱夢〉或〈枕中記〉的小說，內容是描述一位年輕的讀書人，為求取功名而赴京趕考，一心想陞官發財，途中遇到一位道士，正在煮黃色的小米飯，這種稱為黃粱的小米，很容易煮熟。這時道士給了他一個枕頭，告訴他：「你先躺著休息一下，等我把飯煮熟了，再請你起來吃飯。」於是他就枕著這個枕頭睡著了。在睡夢中，他已經考取狀元，還風風光光地跟公主結了婚，當上駙馬，做了大官，兒孫也都很爭氣，做到宰相，光耀門楣，之後他便告老還鄉。

正好在這個時候道士叫醒了他，他才恍然大悟，原來發生的這一切都只不過是一場夢罷了。但是對他來講，夢中已經過了好長好長的時間，至少有幾十年了，可是真正的時間卻很短，只有煮熟一頓黃米飯的光景。

所以，凡夫也好、聖人也好，對時間的感覺都是可長可短的。那麼，經文中的「五十小劫」，究竟是以什麼人的角度來看？都可以。以凡夫的角度或是聖人的角度都說得通。

從地涌出的菩薩眾中，有四導師，一名上行，二名無邊行，三名淨行，四名安立行，「最為上首唱導之師，在大眾前，各共合掌，觀釋迦牟尼佛，而問訊言：世尊，少病少惱，安樂行不？所應度者，受教易不？不令世尊生疲勞耶？」

這段經文是說，有四位大導師菩薩帶領著這無量無數從地涌出的菩薩摩訶薩，來到世尊座前，這四大導師在大眾之前合掌，向釋迦牟尼佛致敬，然後慰問說：「世尊啊！您是否少病、少惱？安樂行否？所應度的眾生是否易度？是否不曾令您生疲勞？」

「導師」是導人學佛，入於佛道之士。在阿含藏及律藏中，通常稱佛為導師；在大乘聖典中則以導師為佛菩薩之通稱。本來原意是為遠征的商隊做嚮導者，稱為導師。《法華經．序品》有云：「文殊師利，導師何故眉間白毫大光普照？」此稱導師二字是指的釋迦世尊。到了〈從地涌出品〉，則云：「是四菩薩，於其眾中最為上首唱導之師。」故稱此四大上首菩薩為「四導師」。

四導師即是四位上首大菩薩，乃《法華經》所專用獨見者。「上行」的梵文是viśiṣṭa-cāritra，「無邊行」ananta-cāritra，「淨行」viśuddha-cāritra，「安立行」supratiṣṭhita-cāritra。天台智顗大師的《法華文句》將此四導師配為十住、十行、十迴向、十地，即是代表著三賢十地的四十個菩薩階位。日本日蓮宗教祖日蓮上人，自覺他是上行菩薩再來人間。

「少病、少惱」，在經律中，弟子向佛問訊請安時，都會使用「世尊少病少惱否？眾生易度否？」等等。少病則身安，少惱則心安，眾生易度則工作平順，不生疲勞。這表示對於世尊的尊敬與關心，也是一種慰問。佛陀雖不無有病，卻決無煩惱，眾生剛強，難調難伏，不會使得如來厭倦，卻會使得如來疲勞。若要對世尊關懷，至少可使自己於佛致敬，也當自調自伏，不使如來為了我們而增加疲勞。

一個善於體諒老師的弟子，學習時通常也最能用心；一個弟子要花老師很多時間和心血照顧，他得到的受用可能是很少的，說不定，當這個老師去世的時候，這個弟子還要罵一聲：「這個老東西，在生的時候沒有好好教我，所以我到現在也修不好。他專門教其他的人，就是欺侮我，只知道罵我，叫我做這個、做那個，也不教我如何成佛、如何開悟。」一個老師對弟子花了那麼多的心血，結果受到的果報是挨罵挨怨，做這樣的老師是不是很累？會不會疲勞？會不會累出病來？所以慰問佛陀，當然是為了尊敬，也是為了體諒世尊，也為策勵自身。在中國文化中，子女對父母要晨昏定省，這份孝親的用意，也同於弟子向佛問訊。

世尊答言：「如是如是，諸善男子，如來安樂，少病少惱，諸眾生等，易可化度，無有疲勞。所以者何？是諸眾生，世世已來，常受我化，亦於過去諸佛，供養尊重，種諸善根。」

世尊回答此四大菩薩：是的是的，諸位好男人，如來常安樂，少病亦少惱，一切諸眾生，其實易化度，故佛無疲勞。為什麼呢？因為這些眾生，累生多劫以來，都常受我教育，也在過去諸佛座下，供養尊重，種下了諸種善根。

從眾生的立場看諸佛，若是未曾信佛學法的人，會認為諸佛是無所事事的，高高在上，誰也麻煩不到他們的。若在精進篤信三寶的立場，會發現諸佛菩薩的忙碌辛勞，實要超過常人凡夫無量數倍，所以要感恩、致敬、慰問。然於諸佛及諸大菩薩的立場，為慈悲眾生而忙，但卻不會被眾生拖累而煩惱痛苦，所以說「無有疲勞」，並認為那些眾生均已「種諸善根」。

世尊讚歎從地涌出的上首諸大菩薩已，「爾時彌勒菩薩及八千恆河沙諸菩薩眾，皆作是念：我等從昔已來，不見不聞，如是大菩薩摩訶薩眾。」

這時候當世尊讚歎了從地涌出的諸大菩薩，在座的彌勒菩薩以及八千恆河沙數的許多菩薩，心裡都這麼想：「我們從過去以來一直跟著釋迦牟尼佛，沒聽過、也不曾見過，有這麼多的菩薩摩訶薩，都是釋迦牟尼佛所教化過的，這些人是從哪兒來的呢？」

經文中為什麼提到彌勒菩薩呢？因為彌勒菩薩將於釋迦牟尼佛之後，在我們這個娑婆世界，補處佛位，龍華樹下三會說法，所以當來下生的彌勒佛與釋迦牟尼佛的關係非常深。好幾部大、小乘經典之中，都有述及彌勒菩薩，他們在無量劫以前就一起修行，只是彌勒菩薩修道、成道的時間並沒有像釋迦牟尼佛那麼快，所以釋迦牟尼佛先彌勒菩薩成佛，也因此彌勒菩薩才產生疑問：「怎麼有六萬恆河沙這麼多菩薩曾為世尊本人所教化的呢？」

彌勒菩薩即代諸菩薩及為其自己決疑，以偈問佛：「如是諸大眾，一心求佛道」，「精進菩薩眾，誰為其說法，教化而成就，從誰初發心，稱揚何佛法？受持行誰經？修習何佛道？」

彌勒菩薩隨即代表八千恆河沙數諸菩薩眾，請問釋迦牟尼佛：「六萬恆河沙數的菩薩，以及每一位菩薩的六萬恆河沙的眷屬，這麼多的菩薩是誰為他們說法的呢？是誰教化他們成就大菩薩道的呢？他們又是從哪一位佛的時代，跟著什麼人學而初發菩提心的？他們稱揚的是何種佛法呢？他們修行受持的是哪一部經呢？他們究竟是怎樣修行佛道的？」

這都是問菩薩道的歷程：從最初一直到現在為止，究竟是怎麼發生？過程如何？怎麼修行？

在此必須特別說明「初發心」，依據《十住毘婆沙論》卷一對初發心有詳明的介紹：「一切菩薩初發心時，不應悉入於必定（必定入涅槃，即不退轉位），或有初發心時即入必定，或有漸修功德，如釋迦牟尼佛，初發心時，不入必定，後修集功德，值燃燈佛，得入必定。」

接著《十住毘婆沙論》便介紹釋迦牟尼佛初發心時有四十一義：是心不雜一切煩惱，相續故不貪異乘，堅牢故一切外道無能勝者，一切眾魔不能破壞，常能集諸善根，能知有為無為，無動故能攝佛法，無覆故離諸邪行，安住不可動，無比無相違，如金剛通達諸法，不盡故集無量福德，平等故等一切眾生，無高下故無差別，清淨故性無垢，離垢故慧炤明，無垢故不捨深心，為廣慈故如虛空，為大故受一切眾生，無閡故至無障礙智，遍到故不斷大悲，不斷故能正迴向，眾所趣向故智者所讚等。

這是說明初發心菩薩，有的可以直達必定不退轉位，有的則如世尊那樣，初發心後，漸修功德，方入不退轉位。至於釋迦世尊初發心的內容，舉出了四十一義。（《大正藏》二十六冊二十四至二十五頁）

晉譯《華嚴經．梵行品》有云：「初發心時，便成正覺，知一切法，真實之性，具足慧身，不由他悟。」天台宗的解釋說，初發心者即是圓教初住成佛之意，圓教菩薩初發心時，便破一分無明，而現八相成道的佛身。華嚴宗則主張，圓教菩薩隨得一位，即得一切位，從十信位乃至佛地，六位相即，故於經中說十信滿位，即得一切位至於佛地。此謂之信滿成佛。

法鼓山也正在依據《華嚴經》所說「初發心時，便成正覺」的觀點，推展人間淨土的運動。只要初發菩提心，便見佛國淨土現在面前，只要時時提起初發心，念念不離初發心，此人即住諸佛國。

以下是本品之後半，屬本門之「正宗分」，也就是開始說妙法的主要內容。

釋迦世尊告彌勒菩薩言：「是諸大菩薩摩訶薩，無量無數阿僧祇，從地涌出。汝等昔所未見者，我於是娑婆世界，得阿耨多羅三藐三菩提已，教化示導是諸菩薩，調伏其心，令發道意。此諸菩薩，皆於是娑婆世界之下，此界虛空中住，於諸經典，讀誦通利，思惟分別正憶念。」「不樂在眾，多有所說。常樂靜處，懃行精進，未曾休息。亦不依止人天而住，常樂深智，無有障礙。亦常樂於諸佛之法，一心精進，求無上慧。」

這一段經文的內容相當豐富。「諸大菩薩摩訶薩」是指無量阿僧祇數從地涌出的菩薩摩訶薩，以及他們每一位菩薩的眷屬們。雖是彌勒菩薩等從未見過，確實是世尊於此娑婆世界成佛以來，所導化教示的菩薩們，世尊調伏了他們的心，也使他們發起了完成佛的意願。他們是來自此娑婆世界之下，住於虛空之中，於一切經典皆能讀誦，經常修習禪定，不樂於眾，卻多說法，常樂於靜處，精進修行，從不休息。他們安住虛空界中，不依止人，也不依止天。他們常樂於甚深的智慧，所以心無障礙。他們常樂於諸佛的妙法，一心精進，唯求無上的佛慧。

「思惟分別正憶念」，思量分別所對境，名為思惟，是修禪定的意思。禪定亦名思惟修，入定前的一心的思想，名為思惟，例如《觀無量壽經》云：「教我思惟，教我正受。」即是指導我如何修習禪定之意。於所對境，例如觀呼吸、觀身等境，心念繫於一境而不散亂，漸漸即能入定；憶念一境，止於一念，便入禪定，故名正憶念。

「不樂在眾，多有所說」，看來似有矛盾，既不在眾中，又說給誰聽？其實不然，不樂眾是不喜聚眾遊戲玩樂，多所說是除了說法弘經度眾生，就不必到眾生中去。

「常樂靜處，勤行精進」是經常住於安定、寧靜的所在，勤修佛法，從不想到出外渡假休息，相當於人間阿蘭若處住的比丘們。

「依止」，以有力有德之人為依靠，不相捨離，例如戒律規定比丘出家後的五夏之內，不得離開依止師，《無量義經》則將佛菩薩稱為「大依止處」。

「深智」，就是如《心經》所說的「深般若」，能悟人法二空，而得一切種智。智慧有淺有深，有世間智、出世間智、出世間上上智。「世間智」是一般世間的知識、學問和聰明，希臘人講的「智慧」一詞就是世間智；即使中國歷代的先聖先賢，例如儒家、道家的智慧學問，雖然都不是普通人所有，但還是屬於世間智。「出世間智」是二乘聲聞、緣覺的一切智，悟入無我而證偏空，入化城涅槃。「出世間上上智」則是佛智，悟我法二空，證究竟涅槃。涵蓋二乘的一切智，菩薩的道種智，成為一切種智，是專指佛的智慧。

「無有障礙」，主要是指心中已無煩惱的障礙，例如《心經》所說的「心無罣礙」，以深智慧觀一切法空，所以沒有任何障礙。

「常樂於諸佛之法」，一切佛的法都是無上妙法，不會站在此佛的立場批評彼佛的法門；也不會站在某一尊佛的立場，否定其他諸佛的法門。佛佛同道，雖然各有方便因緣不同，諸佛的悲智相同，諸佛的法身相同，唯佛與佛乃能究盡的諸法實相，無二無別故。

「爾時彌勒菩薩摩訶薩，及無數諸菩薩等，心生疑惑，怪未曾有，而作是念：云何世尊，於少時間，教化如是無量無邊阿僧祇諸大菩薩，令住阿耨多羅三藐三菩提。即白佛言」：如來成佛以來，「始過四十餘年，世尊，云何於此少時，大作佛事？」「世尊，如此之事，世所難信。譬如有人，色美髮黑，年二十五，指百歲人，言是我子，其百歲人，亦指年少，言是我父，生育我等，是事難信。」如來得道未久，而此諸菩薩，「懃行精進，善入出住無量百千萬億三昧，得大神通，久修梵行，善能次第習諸善法，巧於問答，人中之寶。」「我等雖復信佛，隨宜所說，佛所出言，未曾虛妄，佛所知者，皆悉通達，然諸新發意菩薩，於佛滅後，若聞是語，或不信受，而起破法罪業因緣，唯然世尊，願為解說，除我等疑。」

這段經文，也是出於彌勒菩薩的慈悲，他是為了那些新發意菩薩，在佛涅槃以後，不能相信以上所講的那種境界。他的疑問是：釋迦世尊只用很短的時間，如何能夠教化那麼多無法數清楚數量的大菩薩，使得他們都能夠發無上菩提心，而且住於無上菩提心？因為釋迦如來，以太子身出家、修道，成道以來的四十多年之間，怎麼可能做這麼大的佛事？教化成就了如此無量的大菩薩眾。就像「父少子老喻」那樣，很難使人相信。

這些菩薩已於無量千萬億劫，為求佛道，勤行精進，得大神通，久修梵行，已是人中之寶，怎麼此時的世尊竟說，當世尊成佛之後，才初令他們發阿耨多羅三藐三菩提心呢？

這些道理，對於彌勒等的大菩薩們，當然相信，佛所說都是真話，也已通達佛的隨宜所說，從不虛妄。為了使後世新發意菩薩們不起破法罪業，故請世尊為之除疑。

「大作佛事」就是做弘揚佛法，廣度無量眾生，同發無上正覺的大菩提心。普遍深遠地做弘法利生的工作，令使無量眾生畢竟成佛的事，即是大作佛事。

「善入出住無量百千萬億三昧」，三昧的梵文 samādhi，本為「定」及「正受」等意，此處是指通達無量定慧法門。定慧等持的妙用叫作「三昧」，三達六通的大力，也從三昧產生。定慧不二，有無量定慧門，每一門均有出、入、住的過程，即是出定、入慧、住慧，為一個三昧；出定入慧住慧仍不離定力，叫作三昧。

一六、如來壽量品——佛壽無量，永不入滅

此品在《法華經》本門之中，居於核心肝要的地位。日本的日蓮宗修行者，經常持誦的就是迹門的〈方便品〉和本門的〈壽量品〉。日蓮宗的大本山，建於身延山中，名為久遠寺，也是出於〈壽量品〉的「我實成佛已來，久遠若斯」句。所以，此品乃為日蓮宗的宗義信仰的根本依據。

但在中國漢傳佛教系統內，並未特別重視此品，倒是由於隋代南嶽慧思禪師特重〈安樂行品〉而撰《立誓願文》；天台智者大師因讀〈藥王菩薩本事品〉的「是真精進」句，而悟見靈山一會，儼然未散；〈觀世音菩薩普門品〉則形成家喻戶曉的持誦觀世音菩薩聖號的信仰。可見由於民族文化背景各異，衍生出對於《法華經》的內容輕重取捨，亦有出入。

關於如來壽量的討論，依據吾師坂本幸男的〈妙法蓮華經注〉說，他將《法華文句》卷九下之〈釋壽量品〉整理而得：如來有法、報、應三身，法身壽命非有

量非無量；報身在金剛心以前為有量，在金剛心以後為無量；應身雖有量而其救濟活動不斷，故亦無量。雖言三身，正是報身。因為報身之智，上契法身之理，下為利益眾生，成為應身之根源。此在日本的中古時代天台家中，慧心流將報身釋為自受用身，檀那流將報身解為無作應身的「應色常住」說。其實，自受用身與應色常住，乃是「即身成佛」及「久遠成道」的同體異名。

「爾時佛告諸菩薩及一切大眾：諸善男子！汝等當信解如來誠諦之語」（如是三說）。

佛說：「你們應該要相信如來所說的話是真誠的、是實在的。」這句話佛一連講了三遍。

「是時菩薩大眾，彌勒為首，合掌白佛言：世尊，唯願說之，我等當信受佛語」（如是四白）。

佛陀三說「誠諦」，菩薩四請「唯願說之」。彌勒菩薩對佛請求說：「但願世尊為我們說，我們定當信受。」

爾時世尊「而告之言：如等諦聽，如來祕密神通之力。」

這時，釋迦牟尼佛告訴這些菩薩們：「你們用心地聽、細心地聽、認真地聽、好好地注意聽喔！我將告訴你們有關如來的祕密神通之力。」

一切的世人及天神，只知如來從迦毘羅衛國的王宮，出家至離伽耶城不遠的地方，禪坐成道，這一生的時間過程很短。但是要知道，如來有祕密的神通之力。「祕密」的意思就是不容易讓人家一聽就懂，也可以說，一般人沒有辦法到達這種程度，沒有辦法親自體驗的。對佛來講，並沒有祕密，因為以眾生的心量沒有辦法體會，所以叫作祕密。

「我實成佛已來，無量無邊，百千萬億那由他劫。」「自從是來，我常在此娑婆世界，說法教化；亦於餘處，百千萬億那由他阿僧祇國，導利眾生。」

此意是說，世尊成佛以來，事實上已經很久很久了，自從成佛以來，世尊經常在這個娑婆世界說法，經常在這個地方教化眾生；也在其他百千萬億無量無數的諸佛國土，幫助眾生，引導他們，發菩提願。

「成佛」是指三身同時成就，由於三身圓融，不即不離，既有法、報、應之三身，色身即是應化身，應化身可以分身至千百億萬，而又不離久遠未變的法身。故於此處及餘處，教化無量無數眾生。

「諸善男子，於是中間，我說燃燈佛等，又復言其入於涅槃，如是皆以方便分別。」「諸善男子，如來見諸眾生，樂於小法，德薄垢重者，為是人說：我少出家，得阿耨多羅三藐三菩提。然我實成佛已來，久遠若斯，但以方便，教化眾生，令入佛道，作如是說。諸善男子，如來所演經典，皆為度脫眾生。或說己身，或說他身，或示己身，或示他身，或示己事，或示他事，諸所言說，皆實不虛。」

這段經文是說，世尊成佛以來，已經非常久遠，在此期間，雖曾有燃燈佛給世尊授記作佛，以及佛入於涅槃，其實那是方便分別，不是真的。那是因為如來見到許多眾生樂著二乘的小法，所以示現從年輕時出家而修道成佛，其實世尊乃久遠成佛，但為教化眾生，令入佛道，而說次第方便。不過，世尊一生之中所說經典，皆為度脫眾生，表現的方式則有多種，例如說己身、他身，示己身、他身，示己事、他事，那倒是真的。

「燃燈佛」梵文 Dīpaṃkara，也見於《大智度論》卷九及《金剛經》等，《瑞應經》譯為定光佛，是釋迦如來於因中第二阿僧祇劫滿時，得逢此佛出世，世尊買五莖蓮華，供養於佛，以髮布地，讓佛走過，因此接受成佛的記莂，謂自那時起，九十一劫「汝當作佛，名釋迦文」。《法華經》舉出此例，說明此亦為了方便德薄垢重的眾生，易以起信修道，其實乃為權說，因為如來成佛，實已相當久遠了。

「所以者何？如來如實知見，三界之相，無有生死，若退若出，亦無在世及滅度者，非實非虛，非如非異，不如三界，見於三界。如斯之事，如來明見，無有錯謬。以諸眾生，有種種性，種種欲，種種行，種種憶想分別故。欲令生諸善根，以若干因緣、譬喻、言辭，種種說法，所作佛事，未曾暫廢。」

這段經文重複說明：站在佛的立場，如實所見的欲、色、無色之三界諸相，既無有生，亦無有死；既不退離，也不出現；沒有住在世間，亦沒有由世間得滅度者；不能用虛妄與真實、一如與差異來說明，也不說三界即如實相，而見有三界。像這樣的事，如來非常清楚，不會錯謬。

不過，眾生的根性千差萬別，各有不同的欲求，不同的修為，不同的主觀意識分別作用；如來為使這些不同層次的眾生，都能生起一切善根，所以要像本經各品中使用若干因緣、譬喻、言辭，來做種種說法的佛事，永不中止。

佛所見的一切諸法，是平等無差別、如如無生滅的，然而眾生各有不同層次的性質，為使眾生也能歸向佛的層次，所以有了種種方便的設施。

「非實非虛，非如非異」，實際上與《心經》講的「不生不滅、不垢不淨、不增不減」的意思相同，也就是佛的中道見，既非左亦非右，更不執著中間，排除一切的知見障礙。凡是偏空偏有、執斷執常，都是邊見，如執中間又成了可右可左的騎牆主義，也非常危險。

「不如三界，見於三界」，不要把三界看成真實的，但三界又是存在的。從因緣所生的三界本質而言，三界並無不變的實體可得；從眾生居住的環境而言，又不能說三界是不存在的。

「如是，我成佛已來，甚大久遠，壽命無量阿僧祇劫，常住不滅。」

釋迦牟尼佛成佛以來，已經很久很久了，佛的壽命有無量阿僧祇劫，在無數的劫中，永不滅度。這是第二度宣稱，釋迦世尊是「久遠」成佛的古佛。

「諸善男子，我本行菩薩道，所成壽命，今猶未盡，復倍上數。然今非實滅度，而便唱言，當取滅度。如來以是方便，教化眾生，所以者何？若佛久住於世，薄德之人，不種善根，貧窮下賤，貪著五欲，入於憶想妄見網中。若見如來常在不滅，便起憍恣，而懷厭怠，不能生難遭之想、恭敬之心。」

釋迦所言久遠劫前已成佛道，是法身慧命；發菩薩誓，度盡眾生，是報身所現的應身工作，已成佛道，猶現菩薩身、行菩薩道。此一報身壽命無限，遠過於如前所說的時劫數量。如今並非真的要入滅，只是為了教化眾生，使眾生有難遭遇想，而宣布即將滅度。許多薄德之人，如果知道佛久住世，恐怕就不會急著趕快學佛修行，也不會想到要種善根，而寧可居於貧窮下賤，貪著五欲，落入顛倒夢想的妄見網中。

佛說即將滅度，又說佛壽久遠無量，聽來好像自相矛盾，其實宣說滅度是為利益眾生的方便，久遠成佛而常住在世永不入滅，才是真實之教。

依據天台智者的《法華文句》卷九之下，解釋「祕密」二字說，如來的一身即三身，是祕說，三身即一身，是密說。據日本中古天台的看法，則謂《法華經》之前是隔異的三身，《法華經》的迹門是相即的三身，《法華經》的本門是法體法爾的三身，又名俱體俱用的三身，觀心門則是己身的三身。是以三身思想疏釋佛壽及滅度的矛盾性。

「本行菩薩道，所成壽命，今猶未盡，復倍上數」，成佛的因地，稱為行菩薩道，而此處是說，成佛以來，已經有無量劫行菩薩道。亦即，成佛之後，佛的應化身，經常還現菩薩身，例如三乘所知的八相成道之前悉達多太子是菩薩，為十六王子沙彌階段的是菩薩，受歌利王節節支解的是菩薩，被燃燈佛授記作佛的是菩薩。此處又說世尊滅度也是方便，故於未來依舊會以菩薩身無盡期地利益眾生。

「然今非實滅度，而便唱言，當取滅度」，說此《法華經》時，釋迦牟尼佛已經宣布要滅度了，之後就說了《大般涅槃經》，這是滅度之前所說的最後一部經。「滅度」就是寂滅，從此以後不再到這個世界上來度眾生。

「如來以是方便，教化眾生」，可是實際上他不是真的滅度，那只是方便教化眾生的一種方法。

「所以者何？若佛久住於世，薄德之人，不種善根」，為什麼呢？如果知道如來永久住世，許多福報不夠、善根薄弱的眾生，就不種善根了。就好像是說：太陽永遠發出光明，四處都有空氣可以呼吸，得來不費吹灰之力，就不覺得陽光與空氣對人的重要性。又如父母親太富有了，家中器物都是珠玉，滿地都是黃金，不知惜福的兒女，就不會想到珠玉黃金的可貴。又如泥土能夠生長萬物，乃是眾生棲息營生之寶物，由於到處都有泥土，大家也就不以為貴了。物以稀為貴，是凡夫的淺見，所以佛要示現涅槃，好讓那些薄德而不種善根的人們，趕緊來認真學佛。

「善根」在三十七道品中有五種，稱為五善根，那就是信、精進、念、定、慧。是指由於修習四念處觀而發起的修行經驗，善根發起之後，修行的工夫才算著力，故接下來便是信、精進、念、定、慧的五力。

善根的梵文 kuśala-mūla 是善之根本，又被譯為德本。《中阿含經》卷七《大拘絺羅經》有云：「若有比丘如是知善知善根者，是謂比丘成就見，得正見，於法得不壞淨，入正法中。」這是比丘成就正見，得四不壞淨，信心堅固，又名四不壞信，即是信佛、信法、信僧、信戒。此在小乘的《俱舍論》及《成實論》，都說於修四念處的總相念之後，即得煖、頂、忍、世第一的四善根位，是見道位前的修行位。若得煖位，縱然斷善而造無間地獄業，墮於惡道，然流轉不久，必到涅槃。

大乘法相宗，於五位之第二加行位，亦是煖、頂、忍、世第一的四加行位，是見道修行位，與小乘四善根位不同。唯其從善根發起之後，即入正見正法位，是沒有疑問的。《大拘絺羅經》謂：「云何知不善根？謂貪不善根，恚癡不善根。」以此可知，無貪、無恚、無癡為三善根。《法華經》的「不種善根」是指不修佛法的人，也就生不起善根了。

「貧窮下賤，貪著五欲，入於憶想妄見網中」，是指不修四念處觀、不能發起堅固信心善根的人，於佛、法、僧三寶前極其貧窮，因為他們貪著五欲之樂，未知有禪悅，不懂得法喜，滿腦子思想的都是顛倒的虛妄見，就像禽獸魚蝦，被生死的網所繫，無法逃脫。世人為了私利私欲的滿足，為了顛倒妄見的堅持，憂愁苦惱，奔忙掙扎，就像是鳥獸魚蝦進入羅網之後，無法自拔自救。為何不來聽聞聖教，修持聖道呢？

「難遭之想」，《法華文句》卷五列有四難：1.值佛難，2.說法難，3.聞法難，4.信受難。這是有連帶關係的，如不值遇有佛出世住世，便無佛法，也無從信受。所以在《涅槃經》卷二有兩難：「生世為人難，值佛世亦難，猶如大海中，盲龜遇浮孔。」

「盲龜喻」出於《雜阿含經》卷十五有云：「大海，有一盲龜，壽無量劫，百年一出其頭。海中有浮木，止有一孔，漂流海浪，隨風東西，盲龜百年一出其頭，當得遇此孔不？……凡夫漂流五趣，暫復人身，甚難於彼。」因而古來諸善知識，都會以「人身難得，佛法難聞」，勉勵世人珍惜人身，並當及時聞法，信受修持。

《法華經．法師品》說，凡有此經所在，即有如來全身；也就是有法即有佛，聞法即見如來。此經宣布如來將入滅，滅度之後，正法、像法及後末世，尚有此經之時，大家應當珍惜因緣，修持此經，種大善根。如果不作「生世為人難，值佛世亦難」的難遭遇想，則一失人身，萬劫不復，錯過佛緣塵劫難逢。為了說明佛的滅度是為了使不種善根的凡夫眾生，起難遭之想，所以接下來又說了一個「良醫救子喻」。

> 父為良醫，有子百數，當父外遊，諸子飲他毒藥，或失本心，或未失者，父還家時，依諸經方，調藥令服，未失心者，服藥即愈，失本心者，得藥不服，父即告曰：「我今衰老，死時已至，是好良藥，今留在此。」作是教已，復往他國，遣使還告：「汝父已死。」是時失心諸子，「聞父背喪，心大憂惱」，「乃知此藥，色味香美，即取服之，毒病皆愈。其父聞子，悉已得差，尋便來歸，咸使見之。」

這則譬喻是說，曾有一位良醫，他有十、二十、乃至上百個孩子，他因為有事，遠往外國去後，孩子們誤食毒藥，有的失去了本心、迷失了本性，有的雖然中毒，尚沒有失去本心、沒有迷失本性。他們的父親回家之後，便依醫經藥方，調藥令他們服用。那些心智未失的孩子服藥以後，毒解病除，馬上好了；已失心智的孩子們，拿了藥也不服用，這個時候他們根本不相信父親的藥是有用的，也不相信他們自己有病，所以不想吃藥。

這位良醫父親就告訴這些不肯吃藥的孩子們：「我現在已經年老體衰，再活也沒多久了，這是好藥，留給你們。不用擔心，一定能夠治好你們的病。」說完，他就離家又到其他國家去了。之後他派人告訴那些失心未癒的孩子們：「你們的父親已經死了！」聽到父親過世的消息，這些原來不肯吃藥的孩子們，心裡非常悲痛哀傷、憂愁苦惱，並且心想：「父喪他國，已失依怙，我們有病在身，也無人能予救護了。」這麼一難過，心智便恢復醒悟了，才知道父親留下的藥物，真是色香美味具足，立即取藥服用，每一位的毒病都痊癒了。醫生父親得悉之後，便從遠地回家，跟諸子又見面了。

這個比喻是說，釋迦牟尼佛告訴一般迷失了本性而不種善根的眾生：「我快要涅槃，我留下這部《法華經》，做為佛的遺教，當你們發覺你們中了貪、瞋、癡等三毒，需用此經療毒治病之時，趕緊修持此經吧！」

我們這些末世眾生在釋迦牟尼佛涅槃之後，已見不到佛，看到佛留下來的經典才覺得稀有難得，決心要好好地依教修行。當我們真正發起善根，見到如實的佛法時，體驗到唯一佛乘時，就會發現佛是永遠不滅度的，佛是永遠與我們活在一起的。

偈云：「我見諸眾生，沒在於苦惱；故不為現身，令其生渴仰；因其心戀慕，乃出為說法。神通力如是，於阿僧祇劫，常在靈鷲山，及餘諸住處。眾生見劫盡，大火所燒時，我此土安隱，天人常充滿；園林諸堂閣，種種寶莊嚴；寶樹多花菓，眾生所遊樂；諸天擊天鼓，常作眾伎樂，雨曼陀羅花，散佛及大眾；我淨土不毀，而眾見燒盡。」

偈子的大意是說，佛看到眾生都在生死煩惱之中，所以他不顯現，為的是讓眾生在苦惱而又不知道怎麼辦的情形下，產生「希望得到佛法」的渴仰感；等到眾生心裡產生眷戀和孺慕的感覺時，佛就出來為他們說法。不要覺得奇怪，佛的神通力量是能夠做到這樣的。當世人見佛涅槃的時候，其實他是依舊、永遠地住在印度的靈鷲山上，以及其他處所。當此娑婆世界於劫盡之時、大火焚燒之際，佛所住的淨土，還是那般地安樂穩定。天神充滿、園林宮殿、寶樹花果遍於處處，還有天鼓天樂，天女散下曼陀羅華，落在佛及大眾之間。佛土永不毀，眾生所見的世界則已燒盡了。

「於阿僧祇劫，常在靈鷲山，及餘諸住處」，佛於未來無數劫中，還是常住靈鷲山上，以及其餘的住處。後來形成了日本日蓮上人提倡的靈山淨土信仰。地理上的靈山，是在中印度王舍城外的一個山坡上，到劫盡之時，是會被大火燒盡的；信仰中的靈山，是佛的報身所住，報身可遍一切處，所以說不僅常住靈山，也常住其餘諸處，那是永不毀滅的。

原則上，報身的佛僅對二乘聖者及初地以上的法身大士說法，因此此靈山淨土，也非凡夫可見。唯中國隋代的天台智者大師在光州大蘇山，入法華三昧觀二七日，誦《法華經》至〈藥王品〉「是真精進，是名真法供養如來」句，身心豁然，寂然入定，乃見靈山一會儼然未散。這是由定境而進入悟門，見的就是靈山淨土。

「眾生見劫盡」，劫的梵文 kalpa，譯為長時、非常時節。有小劫、中劫、大劫之分：1. 一個小劫的算法是由增劫減劫構成：人壽八萬四千歲起，每百年減一歲，減至人壽十歲，為減劫；再由人壽十歲，每百年加一歲，增至八萬四千歲，為增劫，合一減一增，為一小劫。2.合二十個小劫，為一個中劫。3.合成、住、壞、空的四個中劫，為一個大劫。

劫盡有三種：1.小劫盡時，人壽減至十歲，便有刀兵災、疾疫災、饑饉災的所謂三災發生，命極危脆，大量死亡，然後轉為增劫。2.中劫盡，即是每經過二十個小劫，至第二十個小劫盡時；至第二個中劫終了，世界即進入毀壞階段。3.大劫盡，即是經過成、住、壞、空的四個中劫，一個大劫終了。

四個中劫之中，只有「住劫」有眾生活動，我們的現在就是住劫。「成劫」的時候，是由宇宙元素漸漸凝聚，物質的世界才剛剛開始，尚非眾生居住生存的空間。「壞劫」其實就是第二個中劫的終了，亦即住劫終了，便是第三中劫的壞劫開始。

住劫的每一個小劫盡時，均有三災，首先是兵災，人間風聲鶴唳、草木皆兵；其次是瘟疫瀰漫，都是不治之症；再次是餓殍遍野，五穀不生，菜果絕跡，一切動植物，多已枯死不生。住劫的第二十個小劫盡時，接著就進入壞劫，火、水、風三災，次第發生，把整個世界徹底摧毀，及至消失在太空之中，那便是第四個中劫，名為空劫的時段了。大火災燒盡所有的東西，甚至燒到色界初禪天；大水災的結果，毀滅至二禪天；大風災的結果，毀滅至三禪天，然後進入空劫。

但是佛說，雖然劫盡的時候，大火燒掉一切，靈山淨土還是很安穩的，天人充滿，到處都是有福報的菩薩。

「園林諸堂閣，種種寶莊嚴，寶樹多花菓」，在靈山裡，種種的樹林、殿堂、樓閣，以及許多許多的樹木，滿園花香處處，鮮果累累，通通都由七寶所成，就像《阿彌陀經》和《無量壽經》裡描寫的西方極樂世界一樣。眾生在那個淨土裡非常地自在，由於福德所感，還有歌舞音樂，是「諸天擊天鼓，常作眾伎樂」。

「曼陀羅華」梵文 mandārava，譯為天妙、悅意等，為色澤美妙、見者悅意的一種天華，據說是一種樹花，與波利質多樹同種。在印度的草本植物中，也有曼陀羅之名，高四、五呎，葉作卵形，夏日開大紫花，有漏斗狀的合瓣花冠，亦名風茄兒、山茄子。但據日本學者宇井伯壽考證，《法華經》中的曼陀羅花是天華，而非俗稱的山茄子。天人散花，在《維摩經．觀眾生品》中也有一例，頗為有名：「以天華散諸菩薩、大弟子上。」未知那種天華，是否也是曼陀羅華。

「我智力如是，慧光照無量；壽命無數劫，久修業所得；汝等有智者，勿於此生疑。」

這六句經文是說，佛的智慧力就是這樣地「光照無量」。佛的智慧光，無微不至，無遠弗屆；佛的壽命有無數劫的長遠，那是由於久遠以來的修持而成。凡是有智慧的人，對佛的這番話是不會起疑竇的。世尊的慧光無量，壽命無限，與《阿彌陀經》所介紹的阿彌陀佛相同，於空間而言是無量光佛，於時間而言是無量壽佛。此雖不是世尊的稱號，還是表現了佛佛同道的涵義。只是唯有善根深厚的見道位以上的菩薩，始能與這樣境界中的佛會面。

「如醫善方便，為治狂子故，實在而言死，無能說虛妄。」

這四句經文是說，佛就像「良醫救子喻」中的醫生父親一樣，其實是沒死，但為了治療他已經失去心智的孩子們，卻說他自己死了，誘騙他們服藥治病。這算是說謊嗎？是的！但若不說謊，便救不了孩子們的毒病，這是騙對了的。

釋迦世尊慈悲殷勤，老婆心切，在《法華經》中，不斷地告訴我們，他在誘騙眾生進入佛的涅槃大城。

有一次我也模仿《法華經》說，我所講的話全都是誘人離苦的方便謊言，有個弟子順口就說：「聖嚴師父是一個大騙子！」我回說：「不，我僅是小騙子，我們的釋迦老子才是大騙子！」

一七、分別功德品——清淨果德，弘經威力

本品的前半部分，是本門正宗分〈壽量品〉的續篇，後一半為本門流通分的開始。故其前半部分是敘述佛壽長遠，讓從地涌出的世尊過去所度的諸菩薩，以及現在靈山的諸弟子，獲得內證利益之深淺。後半部分則廣為分別持經所得，「證」、「信」、「供養」等功德。

太虛大師《法華經講演錄》云：「前品如來壽量，為已滿之佛果，為明聞佛果者所成之德相、及顯佛法之威力，故有此品。」

「爾時大會，聞佛說壽命劫數，長遠如是，無量無邊阿僧祇眾生，得大饒益。」

這幾句經文是說，佛說《法華經》的時候，法華會上從地涌出者及一切會眾，

都聽到佛的壽命劫數有這麼長遠，就有無量無邊阿僧祇數的眾生得大利益；也可以說釋迦牟尼佛說完〈壽量品〉的時候，此界他方眾中有「得無生法忍」，有「得聞持陀羅尼門」，有「得樂說無礙辯才」，有「得百千萬億無量旋陀羅尼」，有「能轉不退法輪」，有「能轉清淨法輪」。也有無量微塵數眾生，或「八生」、或「四生」、或「三生」、或「二生」、或「一生」，當得阿耨多羅三藐三菩提。

「無生法忍」，是以觀諸法無生之理，忍可之智，究係何種菩薩階位，得此忍智？諸家頗有異說，龍樹說是初地以上，《仁王經》說是七、八、九地之悟名。龍樹的《大智度論》卷七十三云：「無生忍者，乃至微細法不可得，何況大，是名無生，得是無生法，不作不起諸業行，是名得無生法忍，得無生法忍菩薩，是名阿鞞跋致。」

「阿鞞跋致」意譯為不退轉，又為必定，共有三不退：十住位不退，初地行不退，八地以上念不退。既是觀諸法無生之理而忍可的智慧，宜為初地以上的菩薩，又名斷除一分無明，親證一分法身的法身大士了。

依據天台智者的《法華文句》卷十上，是以十住位配「無生法忍」，十行位配「聞持陀羅尼門」，以十迴向位配「樂說無礙辯才」，以初地配「百千萬億無量陀羅尼」（亦名旋陀羅尼），以二地配「轉不退法輪」，以三地配「轉清淨法輪」，以四地配「八生」，以五、六、七地配「七、六、五生」，以八地配「四生」，以九地配「三生」，以十地配「二生」，以等覺位的一生補處菩薩配「一生」。

「聞持陀羅尼」，陀羅尼的梵文 dhāraṇī 亦有譯作陀鄰尼，是「總持」的意思。得聞持陀羅尼者，凡有所聞，皆能恆持而不忘失。《大智度論》卷二十八云：「三聞能得；心根轉利，再聞能得；成者一聞能得，得而不忘，是為聞持陀鄰尼初方便。」接著也舉出了音聲陀鄰尼門及名字陀鄰尼門。

「樂說無礙辯才」，即是四無礙辯，亦名四無礙解，梵文 catasraḥ pratisaṃvidaḥ 之一的第四樂說無礙，梵文 pratibhāna。依據《成唯識論》卷九，入初地以上，得四無礙辯，入第九地時得四無礙解，永斷二愚及粗重，至佛果位，一切圓滿。得此樂說無礙者，順從真理無有滯礙，巧說佛法，令聞者樂求。

「旋陀羅尼」，即是百千萬億無量陀羅尼，是圓滿具足一切教法，出沒無礙之念慧。

「八生」，依據世親的《妙法蓮華經憂波提舍》卷下云：「八生一生者，謂諸凡夫決定能證初地故，隨力隨分，八生乃至一生，皆證初地故。此言阿耨多羅三藐三菩提者，以離三界分段生死，隨分能見真如法性，名得菩提，非謂究竟滿足如來方便涅槃也。」

本品的這段經文相當難解，古來印度及中日大德治《法華經》者，做了不少疏釋，足見其文的深度層次。

「佛說是諸菩薩摩訶薩得大法利時，於虛空中，雨曼陀羅華，摩訶曼陀羅華，以散無量百千萬億眾寶樹下師子座上諸佛，并散七寶塔中師子座上釋迦牟尼佛及久滅度多寶如來，亦散一切諸大菩薩及四部眾，又雨細末栴檀沉水香等。於虛空中，天鼓自鳴，妙聲深遠。又雨千種天衣，垂諸瓔珞」；「遍於九方，眾寶香爐，燒無價香，自然周至，供養大會一一佛上。有諸菩薩，執持幡蓋，次第而上，至于梵天；是諸菩薩，以妙音聲，歌無量頌。」

以上這段經文，描寫法華會上的一個大場景，類似戲劇中的大團圓：人間、天上、此界、他方，乃至古佛多寶如來及其隨伴，全數到齊，為了讚歎供養，虛空之中，自然有天華、天香、天衣、天鼓，繽紛散落飄揚；尚有諸菩薩眾，手持幡蓋，於空中次第而上，達於色界的梵天。在敦煌石窟的〈法華經變圖〉表現得非常生動熱鬧的畫面，大抵就是依據這段經文製作而成。《法華經》本門正宗分的長行到此結束，以下是它的重頌共十九偈，茲錄四偈如下：

「佛說希有法，昔所未曾聞，世尊有大力，壽命不可量；無數諸佛子，聞世尊分別，說得法利者，歡喜充遍身。」

這兩偈經文是說，世尊宣說了如此難聞希有之法，過去從未聽過，那就是世尊有大神通力，時劫可以長短互入，短短數十年而已無量壽。無數佛弟子，聽了世尊運用種種方式來善巧分別說明之後，大家都獲得大利益，所以每一會眾都得法益，歡喜充滿全身。

「如是等眾生，聞佛壽長遠，得無量無漏，清淨之果報。」

以上與會的微塵數菩薩眾，聽到了佛壽如此長遠之後，便得到無量的無漏清淨果報。「無漏」是智慧；「清淨果報」，根據《法華文句》卷十上，是無障礙的實報淨土，當指初地以上的法身大士所證果位。

「如是種種事，昔所未曾有，聞佛壽無量，一切皆歡喜。」

如上所見的大場面，都是由於世尊說了「佛壽無量」，一切與會眾生，皆大歡喜，充遍全身，所以感得那樣多的華、香、天衣、天樂，自然天降，周遍會眾之上。

本門正宗分，到此圓滿。從這以下的三品半是《法華經》本門的流通分。

佛告彌勒菩薩摩訶薩：「其有眾生，聞佛壽命長遠如是，乃至能生一念信解，所得功德，無有限量。若有善男子善女人，為阿耨多羅三藐三菩提故，於八十萬億那由他劫，行（六波羅蜜的前）五波羅蜜。」「以是功德比前功德，百分、千分、百千萬億分不及其一，乃至算數譬喻所不能知。」

在這段經文中，佛告彌勒菩薩：假如有眾生聽到佛的壽命那麼長遠，乃至僅於一念之間生起信、解，他所得到的功德是無法衡量的，縱然有人於八十萬億那由他劫之中，都修行六波羅蜜中的前五波羅蜜：布施、持戒、忍辱、精進、禪定，若跟此人一念信解佛壽長遠的功德比較，百千萬分不及其一，乃至無法以算數譬喻，來比較差距多少。這是勉勵眾生，應當對於佛壽無量長遠的事實，生深信解。

「若有聞佛壽命長遠，解其言趣，是人所得功德，無有限量，能起如來無上之慧。何況廣聞是經、若教人聞，若自持、若教人持，若自書、若教人書。若以華、香、瓔珞、幢、幡、繒蓋、香油、酥燈，供養經卷，是人功德無量無邊，能生一切種智。」

前面經文是「信」「解」佛壽長遠，功德無可限量，此段經文，又增加其他幾種叮嚀：若有人能了解佛說佛壽長遠的意趣，他的功德，無有限量，他便能夠生起如來的無上智慧，也就是一切種智。更何況還能廣求多聞佛法，包括自聞、教他聞，自持、教他持，自書、教他書。並以各種供品供養此《法華經》，又復功德無量，能生佛的一切種智。

在前面的〈法師品〉中，強調了受持、讀、誦、解說、書寫本經的功德，於本品中再加入信、解的重要性，也加強了自己修行，並教他人修行聞、持、書寫的所謂「自行化他」的自利利他行。

「若善男子、善女人，聞我說壽命長遠，深心信解，則為見佛常在耆闍崛山，共大菩薩、諸聲聞眾、圍繞說法。又見此娑婆世界，其地琉璃，坦然平正，閻浮檀金，以界八道、寶樹行列，諸臺樓觀，皆悉寶成。其菩薩眾，咸處其中。若有能如是觀者，當知是為深信解相。」

若有人能於聽聞佛的壽命長遠，而以「深心信解」的話，就等於親自見到釋迦如來常在耆闍崛山，被諸大菩薩及諸聲聞圍繞，宣說妙法。也等於見到所處的娑婆世界，已成佛國淨土，一切依正莊嚴，全同於諸佛所居的清淨安樂之土。若能常作如是觀想的話，便是深心信解之相。

這段經文，兩度提出「深心信解」。第一度說，當有人聽聞佛壽長遠，就當以深切的真誠心來信仰、來了解。第二度則說，若能觀想世尊常在靈山說法，會眾圍繞，也能觀想娑婆世界的一切依正果報，即是佛國淨土的清淨依正莊嚴，那便證明，此人已具深心信解「佛壽長遠」之相。

此乃強烈地凸顯出「流通分」的特色，鼓勵佛後的眾生，信解此經〈壽量品〉中所說佛壽長遠久住，常在靈山演說妙法。

「耆闍崛山」梵文 Gṛdhra-kūṭa 譯為鷲頭、鷲峰、山中多鷲、山頂似鷲，通常譯為靈鷲山，簡稱靈山。

「如來滅後，若聞是經，而不毀呰，起隨喜心，當知已為深信解相。何況讀、誦、受持之者，斯人則為頂戴如來。」是人「不須為我復起塔寺及作僧坊，以四事供養眾僧。所以者何？是善男子、善女人，受持讀誦是經典者，為已起塔、造立僧坊、供養眾僧。則為以佛舍利，起七寶塔，高廣漸小，至于梵天，懸諸幡蓋及眾寶鈴、華香、瓔珞」，「種種舞戲，以妙音聲，歌唄讚頌，則為於無量千萬億劫，作是供養已。」

這段經文是說，當佛滅度之後，若人聞此經典，而不加毀謗訴病，且起隨喜之心，那便表示已起「深心信解」之相，何況還能讀、誦而受持不捨者，那就等於是頂戴如來。這樣的人，就不須再為佛起塔建僧坊，並做四事供養眾僧了。

為什麼呢？因這種人能夠受持、讀、誦此《法華經》，就等於已經起塔、造寺、供僧；也等於已經以佛舍利造了七寶塔，從地往上，先廣大漸尖小，乃至於色界的梵天那般高，並在塔上懸掛許多寶鈴，又用種種供品、供具，微妙音樂、舞踊、戲劇，讚頌、供養過了。

這段經文，強調的是「隨喜」功德，若人能夠聞此經典而起隨喜心，就表示此人於此《法華經》已有「深心信解」了。前段鼓勵「信解」，此段讚揚「隨喜」功德無量無邊。此到下一品〈隨喜功德品〉中，還有說明。「隨喜」是《華嚴經．普賢行願品》十大行願的第五願，也是天台宗修「法華三昧」五悔中的第三悔。

十大行願的次序是：禮敬諸佛，稱讚如來，廣修供養，懺悔業障，隨喜功德，請轉法輪，請佛住世，常隨佛學，恆順眾生，普皆迴向。法華三昧的五悔順序是：

懺悔，勸請，隨喜，迴向，發願。以此可見，不論是華嚴或法華的實踐法門，隨喜功德，都是很重要的。

「頂戴如來」的「頂」是頭頂，用尊貴的頭頂，把如來戴在頭上，是表示極尊敬的受持禮。此處是聞經的人與佛說的法，感應道交，深入心肺而感念莫能名的意思。在一般觀世音菩薩的畫像或者塑像頭上，有個觀音兜中的正前方上面，有一尊佛像，這就在表示「頂戴如來」。此處是見法如見佛，聞法隨喜，而起恭敬心，就等於頂戴著佛了。

「以佛舍利，起七寶塔」，這是在迹門〈授記品〉中，如來明示「諸佛滅後，各起塔廟」供養，有大功德，是修佛道的方法之一。現在到了本門之中，側重在對於《法華經》的信、解、隨喜等，不重視起塔供養肉身舍利，及造僧坊、四事供僧等的形式。

「僧坊」又名僧房，是僧、尼居住的坊舍，雖通用於一般的僧舍，特別是指重於戒律的道場。梵文僧伽藍摩 saṁghārāma 是僧眾住的園林，在僧伽藍摩中有僧坊，但僧坊未必就在僧伽藍摩中；較大規模的僧坊所在，是山林或園林，稱為僧伽藍摩，簡稱伽藍。

僧舍為僧眾居處，本經〈方便品〉所稱的「塔廟」及本品的「塔寺」，是塔婆、浮圖、率都婆，梵文 stūpa，玄奘《大唐西域記》譯為窣堵波，是供奉佛舍利的一種特殊造型建築物，與僧坊不一定有關聯。有的僧坊可能建於佛塔附近的周邊，有的僧坊近處並無佛塔。

「供養眾僧」，在諸阿含及律部，均以供僧眾為大功德，甚至世尊曾說過佛在僧中、供僧即供佛的話。在家信眾以衣服、飲食、臥具、湯藥等四事供養僧眾，乃是世尊制定的規矩。《盂蘭盆經》特別強調於解夏的僧自恣日供僧功德，能夠救拔餓鬼道的眾生。佛陀以僧眾所披的割截衣名為袈裟，梵文 kaṣāya，意為忍鎧、功德衣、福田衣，為世之福田，能使世人供養親近生功德故。

《大方便佛報恩經》卷三，以眾僧及父母為二種福田，眾僧是出三界之福田，父母是三界內之最勝福田。《像法決疑經》有二種福田，佛、法、僧三寶是敬田，貧窮孤老乃至蟻子等是悲田。因此，供養三寶、父母、師長，布施貧、病、孤、苦、困厄等，乃為大、小乘各經論中的共同主張。

至於《法華經》的本門如本品所云，不須以「四事供養眾僧」，旨在強調信解隨喜《法華經》的功德，如來滅後，當以實踐唯一乘法的《法華經》，自修教人修，比諸形式上的起塔供僧等尤其重要。然而這並不是否定造塔供僧的功德，在下一段經文中，即可明白。

「是故我說，如來滅後，若有受持、讀誦、為他人說、若自書、若教人書，供養經卷，不須復起塔寺，及造僧坊供養眾僧，況復有人，能持是經，兼行布施、持戒、忍辱、精進、一心、智慧，其德最勝，無量無邊。」「疾至一切種智。」

再次強調，於佛滅度之後，若有人能夠以受持、讀、誦、為他人說、自書寫、教他人書寫，來做為供養這部《法華經》，其功德無可限量，故亦不須起塔建寺、造僧舍，以及供養眾僧；何況此人若能於聞持此經的同時，兼行布施等六波羅蜜，這種功德，遠勝於彼。由於信解、隨喜、受持、讀、誦、解說、書寫、供養此經，又兼修行六波羅蜜，便能速疾成佛，得一切種智。

經文再三強調聞持弘揚《法華經》的功德，加上修行六度，就能疾得佛智。這是很明白地告知佛滅之後的佛弟子們，與其熱心於起塔、建寺、造僧坊、供養眾僧的福業，何如聞持、弘布、實踐《法華經》的慧業，來得更加重要而有用。光營福業是人天善法，弘揚本經及行六波羅蜜，乃是以慧業為重的福慧二嚴，才是真正的成佛之道。

「若人讀、誦、受持是經，為他人說，若自書，若教人書。復能起塔及造僧坊，供養讚歎聲聞眾僧，亦以百千萬億讚歎之法，讚歎菩薩功德。又為他人，種種因緣，隨義解說此法華經，復能清淨持戒與柔和者而共同止，忍辱無瞋，志念堅固，常貴坐禪，得諸深定，精進勇猛攝諸善法，利根智慧，善答問難。」「當知是人，已趣道場，近阿耨多羅三藐三菩提，坐道樹下。」

若有人讀、誦、受持此經，並為人解說，自書寫，教人書寫此經。同時也能起佛塔、建僧坊、供養讚歎聲聞眾僧，也以百千萬億方法讚歎一切菩薩功德。又復能夠用種種因緣，隨順經義解說此經，加上持清淨戒，柔和共住僧中，修忍辱，念堅固，常坐禪，得深定，精進於善法，以智慧答問難。當知如此之人，已至菩提道場，已近無上正等正覺，坐於菩提樹下了。

前面有兩度教人，當不以起塔寺、建僧舍、供眾僧的福業為意，要以慧業主導的福慧雙修為成佛之道。這一段經文，則進一步告知我們，有人若已在修讀、誦、受持、解說、書寫《法華經》的五品法師功德者，同時宜修起塔、建僧舍、供眾僧的功德，尤其亦須修行以法布施的隨義解經，以及持戒、忍辱、精進、禪定、智慧的六波羅蜜，那就等於已至道場，已近佛位，已坐道樹之下，即將成佛了。

本品初不鼓勵營福業，而強調慧業，終於鼓勵以慧業主導的福慧兼修，圓滿了會三乘法為一乘法：不捨三乘法、包含三乘法、成就一乘法。

「是善男子、善女人，若坐、若立、若行處，此中便應起塔，一切天人，皆應供養，如佛之塔。」

這幾句經文是說，像上一段經文所說的那種，等於已至道場、已近佛位、已坐菩提樹下的人，不論是他們所坐、所立、所行之處，都應為之起建寶塔，一切諸天的天人，皆應恭敬供養此等之塔，一如佛塔。

本品原先不主張起塔供養，結果不但主張起建佛塔僧坊，供養眾僧，甚至對於福慧兼修者的坐處、立處、經行處，都主張為之起塔供養，等同佛塔。看來似乎矛盾，其實是不矛盾的。這依舊是以聞持妙法即如見佛，修持妙法者，即是佛陀法身慧命的體驗者與代表者，見到妙法的體驗者與表徵者，就等於見到了佛。既然鼓勵建佛塔，凡有妙法的表徵者所在之處，就應建塔，同於佛塔。

一八、隨喜功德品——聞經隨喜，為他人說

「隨喜」的梵文 anu-modanā，意謂隨順如來的教說，不違背如來教說，聞已心生喜悅。前面〈法師品〉是說，現在及未來的弟子們，聞經隨喜，而得佛授記，此品則廣說隨喜之功德。此品所明為領受之喜，顯示此心與所聞之佛境，相順而不相違。

佛告彌勒菩薩摩訶薩：「如來滅後」，若有人，「聞是經，隨喜已，從法會出，至於餘處。」「如其所聞，為父母、宗親、善友、知識、隨力演說；是諸人等，聞已隨喜，復行轉教，餘人聞已，亦隨喜轉教，如是展轉，至第五十」。其第五十人，隨喜功德，「若四百萬億阿僧祇世界，六趣四生眾生，……有人求福，隨其所欲，娛樂之具，皆給與之。」復以佛法而訓導之，一時皆得阿羅漢果，盡諸有漏。是人所得功德，不如是第

五十人，聞《法華經》一偈，隨喜功德，百分千分百千萬億分不及其一，乃至算數譬喻所不能知。「何況最初於會中，聞而隨喜者，其福復勝，無量無邊阿僧祇，不可得比。」

佛告彌勒菩薩：釋迦牟尼佛涅槃之後，如果有人聽到《法華經》，而心生隨喜，之後，離開法會到了其他地方，就把他所聽到的《法華經》，隨自己的能力所及，告訴他的父母、宗親、好友、善知識，功德當然大得無法比喻。這些聽到他說《法華經》的人也生起隨喜心，照著第一個人所說的《法華經》，隨喜轉教他人，他人聞已，又亦隨喜轉教他人。就像這個樣子，輾轉地到了第五十個人。

這第五十個人的隨喜功德，也是極多極大；若是比較來說，有四百萬億阿僧祇世界的天道眾生，向一人乞求，而此一人對那些眾生凡有所欲，娛樂之具，全數給與。「是大施主，如是布施」經「八十年」，然後用佛法訓導，「集此眾生，宣布法化，示教利喜，一時皆得」小乘的初果、二果、三果、四果「阿羅漢道，盡諸有漏，……具八解脫」。此人功德尚「不如是第五十人，聞《法華經》一偈，隨喜功德，百分千分百千萬億分不及其一，乃至算數譬喻，所不能知。」何況有人能於法華勝會一開頭，聞即隨喜者，這種功德所致的福報，又比第五十人的隨喜者，大得太多，是有無量無邊阿僧祇數，根本無從可比。

「若人為是經故，往詣僧坊，若坐若立，須臾聽受。緣是功德，轉身所生，得好上妙，象馬車乘，珍寶輦輿及乘天宮。若復有人於講法處坐，更有人來，勸令坐聽，若分座令坐，是人功德，轉身得帝釋坐處，若梵王坐處，若轉輪聖王所坐之處。阿逸多，若復有人，語餘人言：有經名法華，可共往聽，即受其教，乃至須臾間聞，是人功德，轉身得與陀羅尼菩薩，共生一處，利根智慧，百千萬世，終不瘖瘂，……人相具足，世世所生，見佛聞法，信受教誨。阿逸多！汝且觀是，勸於一人，令往聽法，功德如此，何況一心聽說、讀、誦，而於大眾，為人分別，如說修行。」

前段經文是說明聞經隨喜轉教他人的功德，這段經文則說明三點：1.為了《法華經》前往僧坊，不論是坐是立，乃至須臾之間聽受經法，以此功德，轉生即得上妙交通工具，及天宮的果報。2.若是在講《法華經》處坐著聽講，見有人來，你能勸他坐聽，或分你的半座令他坐，以此功德，轉生則得帝釋座、梵王座、轉輪聖王座。3.若你已知，而告知他人：有一部《法華經》，勸他一同前往，斯人受教，乃至僅於須臾之間得聞，以此功德，轉生即與得陀羅尼的總持菩薩們共生一處，智慧利根，無有諸病，身不殘缺，人相具足。

僅勸一人前往聽經，就有如此殊勝功德，何況能夠一心聽説、讀、誦，而於大眾之中，為之廣説分別，並且自己也能如説修行的功德，當然是無量無邊，不可以算數譬喻所及了。

「乘天宮」，是飛行自在、隨心而往的豪華交通工具，今天大型航空客機的特等艙座，庶可比擬而遠遜於彼。

「帝釋」是欲界第二天，又名三十三天或忉利天的天王，梵名釋提桓因，是梵文 śakra-devānām indra 的簡譯，位於須彌山頂，有三十三宮殿，故稱三十三天，天主略稱為帝釋。《請觀音經疏闡義鈔》卷四云：「梵云釋迦提婆因達羅，釋迦姓也，此翻為能，提婆天也，因達羅帝也，正云能天帝。」依據《雜阿含經》卷四十第一一〇六經所介紹的三十三天天主天帝釋，共有八個異名：釋提桓因、富蘭陀羅、摩伽婆、娑婆婆、憍尸迦、舍脂鉢低、千眼、因提利。都是由於各種因緣而得不同的異名，例如在經律中常以憍尸迦稱呼帝釋天，那是因為他本為人時，屬於憍尸迦族姓。通常多稱帝釋或釋提桓因。

「梵王」即是大梵天王，是色界初禪天天主，又稱大梵王，《法華經》〈方便品〉及〈隨喜品〉均稱梵王。大梵王宮的狀況，則如《俱舍論》卷八云：「於梵輔天處，有高臺閣名大梵天，一主所居，非有別地，如尊處座，四眾圍繞。」《法華經．序品》則有云：「娑婆世界主梵天王、尸棄大梵、光明大梵等。」是說，此娑婆世界的造物主梵天王，名為尸棄大梵，另名光明大梵。其實，梵天 Brahma-devā 是指色界初禪天，由於此天已離欲界淫欲，寂靜清淨，故名為梵。

在此初禪天中又分三天：1.梵眾天，是民。2.梵輔天，是臣。3.大梵天，是君主。通常所稱的梵天，往往僅指大梵天王，名為尸棄 śikhin，因其篤信佛法，每遇有佛出世，必來最初請轉法輪；又常侍佛右側，手持白拂。此與印度外道所信的大梵天，乃名同而實異。佛教的梵王居於初禪與二禪間的禪定位，例如《俱舍論疏》卷八有云：「由彼獲得中間定故，最初生故，最後沒故，威德等勝故，名為大。」

「轉輪聖王」梵名遮迦越羅 cakra-vartin-rājā，印度古傳說中，此王即位時，感得天降輪寶，轉其輪寶降伏四方，故名轉輪王，又因由輪寶前導飛行空中，其輪寶降伏四方，故名轉輪王，又因由輪寶前導飛行空中，故稱飛行皇帝。輪寶有金、銀、銅、鐵四種，鐵輪王伏南贍部洲的一洲，銅輪王治東及南之二洲，銀輪王轄東西南之三洲，金輪王統領天下南北東西的四大部洲。於增劫人壽二萬歲至八萬歲間，轉輪王出世；於減劫人壽自無量歲至八萬歲間，轉輪王出世。王具三十二種大人相。

「陀羅尼菩薩」，請參閱本經〈分別功德品〉對「聞持陀羅尼」及「旋陀羅尼」的說明。

一九、法師功德品——五品法師，六根清淨

迹門〈法師品〉中，已略述現在及未來諸弟子成為法師並給予授記，〈隨喜功德品〉中廣說其弟子功德。此品為廣說六根清淨之果德，即以十信位或天台的相似即佛位，莊嚴內外者。前五根清淨為外莊嚴，意根清淨為內莊嚴。

「爾時佛告常精進菩薩摩訶薩：若善男子、善女人，受持是法華經，若讀、若誦、若解說、若書寫，是人當得八百眼功德，千二百耳功德，八百鼻功德，千二百舌功德，八百身功德，千二百意功德，以是功德，莊嚴六根，皆令清淨。」

這段經文是說，世尊告知常精進菩薩摩訶薩：若有人受持是《法華經》，讀、誦、解說、書寫，五事修行，此人的六根皆得功德，以此功德，莊嚴六根，使皆清

淨。

《法華經．法師品》舉出受持、讀、誦、解說、書寫的五種法師。《辯中邊論》則舉有十種法師，頌曰：「謂書寫、供養、施他、聽、披讀、受持、正開演、諷誦及思、修。」《法華經》雖於迹門〈法師品〉及本門〈法師功德品〉均舉五品，其實縱觀全經，所見的修法，不止五品，例如隨喜、讚歎、勸他、供養等，都是本經的修持方法。

此處是說五品法師皆得六根功德。至於何以眼、鼻、身之三根，各得八百功德，耳、舌、意之三根，各得千二百功德？據太虛《法華經講演錄》云：「蓋耳、舌、意三根，對於妙法之義理，或能聞、或能說、或能證，所聞、所說、所證之義理無邊，即能聞、能說、能證之功德無邊。而眼、鼻、身之功行，則不如耳、舌、意。」

至於八百與千二百數目之取義為何？古來諸家解釋《法華經》者，各有差異。依據坂本幸男的〈妙法蓮華經注〉引道生之說云：「自行、化他、讚歎、隨喜，各有十善，共四十善，一善又能兼行十善故，合為四百善。四百善各有上中下品，則成千二百，三根不如，得中下二品為八百善，餘根勝故，故為千二百。」

六根各以所得功德莊嚴，便令六根清淨。所謂六根清淨，便是雖為凡夫，能以修持《法華經》的功德力，獲得勝根之用，即是眼、耳、鼻、舌、身、意的六根，一一根都能彼此互具互用，一一根都有見色、聞聲、辨香、別味、覺觸、知法的功能。太虛《法華經講演錄》對本經六根清淨義的看法：「是諸功德，皆由此經殊勝之增上力，故能莊嚴使得清淨。此清淨功德，非《楞嚴》所說，必先破除五陰而後清淨圓通者比，以非由自力修證之所致，全由善持是經之力，加持所成。」世親的《妙法蓮華經憂波提舍》也說《法華經．法師功德品》的六根清淨是相似六根互用。

至於誰得「六根清淨」？依天台家所立有藏、通、別、圓的四教，別教立有五十二個階位中的十信位，相當圓教六即佛階位中的相似即佛位，斷見修二惑，得六根清淨，與藏通二教的佛相等。是以《四教儀》云：「六根清淨位，即是十信。」《輔行》卷四云：「能修四安樂行，一生得入六根，極大遲者，不出三生。若為名聞利養，則累劫不得。」

本品的六根清淨，即是六根互具互用。是以《法華經》力，能使父母所生六根，罪垢除盡而清淨無濁。以下逐一介紹：

（一）「是善男子、善女人，父母所生清淨肉眼，見於三千大千世界，內外所有，山林河海，下至阿鼻地獄，上至有頂，亦見其中一切眾生，及業因緣果報生處，悉見悉知。」

這段經文是說，像以上所示那些對於《法華經》能夠受持、讀、誦、解說、書寫的人，由於所得功德果報，即可以父母所生的肉眼「甚清淨」故，得見大千世界的內外須彌樓山及鐵圍山，一切山林，一切大海江河，向下至阿鼻無間地獄，向上直到有頂天中。亦能見到大千世界的一切眾生，以及每一眾生的造業因緣、造業果報，所生之處，無一不見無一不知。此段經文之後的偈語中有說：「雖未得天眼，肉眼力如是。」可知這種功能是來自修持《法華經》的功德力，不是修習神通而發出的神通力。

「三千大千世界」，以須彌山（sumeru）為中心，有九山八海重重圍繞，更以鐵圍山為其外廓，稱為一個小世界；合此一千個小世界，名為小千世界；合此一千個小千世界，名為中千世界；合此一千個中千世界，名為大千世界。由於大千世界是集小千、中千、大千的三種一千而成立的，故名為三千大千世界，內容實即一個大千世界。此一個大千世界，乃為一佛所教化的範圍；且此一個大千世界，恰巧與第四禪天同時成也同時壞。所謂「九山」是圍繞在須彌山周邊的七重金山，加上須彌山為中心，鐵圍山為外圍，共有九山。「八海」是在九山的每山之間各有一海。

「鐵圍山」（cakravāḍa），又名輪圍山，具名鐵輪圍山。須彌山為中心的八海，最外沿的第八海圍繞鹹海，環圍鹹海而區劃一小世界者，便是鐵圍山，由鐵而成，環繞如輪，故具名鐵輪圍山。《俱舍論》卷十一云：「於金輪上，有九大山，妙高山王（須彌山）處中而住，餘八周匝繞妙高山。於八山中，前七名內，第七山外，有大洲等，此外復有鐵輪圍山，周匝如輪，圍一世界。」

「阿鼻地獄」梵文 avīci，譯為阿鼻旨，簡稱阿鼻，意為無間，具譯「無間地獄」。《涅槃經》卷十九：「阿者言無，鼻者名間。間無暫樂，故名無間。」《俱舍論．分別世品》云：「此贍部洲下，過二萬（踰繕那——由旬），有阿鼻旨大㮈落迦（大地獄），深廣同前，謂各二萬。故彼底去此，四萬踰繕那，以於其中，受苦無間，非如餘七大㮈落迦，受苦非恆，故名無間。」地獄的梵文㮈落迦，又譯作那落迦 naraka 或名泥犁 niraya，《法華文句》卷四云：「地獄此方名，胡稱泥犁者，秦言無有，無有喜樂。」

地獄是苦器的總稱，分之則有三大類：1.根本地獄，於中包括八大地獄及八寒地獄。2.近邊地獄，於中含有十六遊增地獄。3.孤獨地獄，居處於山間、曠野、樹下、空中。

「無間地獄」是八大根本地獄之中的第八地獄，其餘七個依次是：1.等活地獄；2.黑繩地獄；3.眾合地獄；4.號叫地獄；5.大叫地獄；6.炎熱地獄；7.大熱地獄。根本地獄中與八大地獄相配的是八寒地獄，位於八大地獄之旁，《涅槃經》卷十一稱之為「八寒冰地獄」。

十六遊增地獄是設於八大地獄的副地獄，每一大地獄各有四門，每門各有四個副地獄，四四相乘，每一大地獄即各有十六遊增地獄；四門各有四增：1.煻煨增、2.屍糞增、3.鋒刃增、4.烈河增，四四相乘，名為十六遊增地獄。

因此，根本地獄的八大地獄，乘以十六遊增地獄，共有一二八遊增地獄，加上八大地獄則成一三六個地獄，尚有八寒地獄，相加之後的根本地獄數量則是一四四個地獄的總稱；孤獨地獄還未在此數中。中國人通常傳稱十八地獄，則出於《十八泥犁經》。

「有頂天」，此為三界內的色界第四處，亦名色究竟天，是色界的最高天，居於有色天之頂，故名有頂。過此以上，便入無色界的無形世界。《法華經・序品》內，也曾有「從阿鼻獄，上至有頂」之句。

（二）「以是清淨耳，聞三千大千世界，下至阿鼻地獄，上至有頂，其中內外，種種語言音聲。」「雖未得天耳，以父母所生清淨常耳，皆悉聞知，如是分別種種音聲，而不壞耳根。」

這段經文是說，若人修持《法華經》的五品功德，便能於未修神通而得天耳之時，即以父母所生肉耳，得聞三千界內，下至無間地獄，上至色究竟天，所有一切音聲。經文列舉的有象聲、馬聲、牛聲、車聲，啼哭、愁歎，螺、鼓、鐘、鈴，笑、語，男、女、童子、童女，法、非法，苦、樂，凡夫、聖人，喜、不喜，天、龍、夜叉、乾闥婆、阿修羅、迦樓羅、緊那羅、摩睺羅伽，火、水、風，地獄、畜牲、餓鬼，比丘、比丘尼，聲聞、辟支佛、菩薩、佛之聲，三千界內的一切有情無情聲，三千界外的三乘聖者及至諸佛聲。

雖然如此分別聞得種種音聲，也不會由於音類太多，聲質太雜，音聲所含的內容太廣，而使得耳根不堪負荷，受到損害。不要忘了，此時的此人，已是六根互具互用，再益於《法華經》的加持力，就不會覺得不勝負擔了。

（三）「以是清淨鼻根，聞於三千大千世界，上下內外，種種諸香。」「若欲分別為他人說，憶念不謬。」

這段經文是說，若有人修持《法華經》的五品法師功德，便能以父母所生鼻根，悉聞三千大千世界的上下內外，種種諸香。下至阿鼻，上至有頂，界內有情無情，界外三乘聖人以及諸佛之香，悉聞悉知，若令將其所聞諸香為人分別說明，也能憶持不會錯謬。經中列舉諸香，包括：須曼那華、闍提華、末利華、薝蔔華、波羅羅華、赤蓮華、青蓮華、白蓮華，華樹、果樹、旃檀、沉水，多摩羅跋、多伽羅，千萬種和香、末香、丸香、塗香，種種眾生之香：象、馬、牛、羊等，男、女、童子、童女，草木叢林，天上諸天種種依正莊嚴之香。聲聞、辟支佛、菩薩、諸佛身香，亦皆遙聞。

印度古代有的諸種花卉草木，漢地未有者，均以梵文音譯。天上諸天，界外諸聖，以及諸種香物香氣，則有曼陀羅華、摩訶曼陀羅華，曼殊沙華、摩訶曼殊沙華的華香等，亦皆音譯，此土無故。

（四）「得千二百舌功德，若好、若醜，若美不美，及諸苦澀物，在其舌根，皆變成上味，如天甘露，無不美者。若以舌根，於大眾中有所演說，出深妙聲，能入其心，皆令歡喜快樂。」「有所演說，言論次第，皆悉來聽，及諸龍龍女，」八部神王以及其女，僧俗四眾、國王群臣、轉輪王、婆羅門、居士、民眾，恭敬供養，二乘聖者，諸菩薩佛，常樂見之。

這段經文內容也是描述父母所生的清淨舌根，有兩類清淨：

1. 以食物來說：平常人接觸到任何食物的味道，都會有好吃、不好吃，美味、不美味的感覺，所以有人挑嘴，喜歡的多吃，不好的就不想吃，這是因為沒有得到舌根清淨的原因。如果不管什麼東西進到嘴裡，都是「天廚妙供」，都是甘露妙味，那麼沒有一種食物不是可口味美的；其實一個修行的人，如能享受到法喜和禪悅，任何食物上口，都會變成可口的美味。

2.以演說而言：平常人會覺得自己由於人微所以言輕，有所發表，不受他人重視，如能以此五品法師，獲得千二百舌功德，於眾中演說之時，便能讓聽眾覺得你的音聲美妙悅耳，辭意能夠深入其心，聞法生起歡喜快樂之心。在你演講之時，不僅一般大眾來聽，天龍八部及其女兒眷屬也會來聽，輪王、國王、大臣、人民、外道、居士都會來聽法，並做隨侍、供養，也為三乘聖者以及諸佛常所樂見。

其實，一個修行人，只要不為名聞利養說法，但為慈悲利益眾生，以恭敬、謙虛、懇切、委婉的語態說法，就會讓聽眾生起喜悅，而樂意親近了。

（五）「得八百身功德，得清淨身，如淨琉璃，眾生憙見。其身淨故，三千大千世界眾生，生時死時，上下好醜，生善處惡處，悉於中現。及鐵圍山、大鐵圍山、彌樓山、摩訶彌樓山等諸山，及其中眾生，悉於中現。下至阿鼻地獄，上至有頂所有及眾生，悉於中現。若聲聞、辟支佛、菩薩、諸佛說法，皆於身中現其色像。」

這段經文敘說五品法師所得的身功德：1.能使肉身清淨，如淨潔的琉璃，眾生喜見。2.能使得身體如寶鏡，三千大千世界一切眾生的生死、上下、好醜、生善處惡處，悉於此身中顯現。三千大千世界內的諸山及山王，其中的眾生，均於身中顯現。下至無間地獄，上至色究竟天，所有事物及眾生，都於此身中顯現。已出三界的三乘聖者以及諸佛說法，亦皆於此身中顯現彼等色像。

這等於已將界內界外的一切有情無情、一切凡夫聖眾、一切諸佛說法，都濃縮映現於此清淨肉身之中，頗有《華嚴經》芥子納須彌、須彌納芥子的以小納多境界。能將十法界的因緣果報，現於一身之中，這也正可以和〈壽量品〉的以短時納長劫，所以佛壽無量，做一對比。彼者論時間互具互融，此處明空間互具互用，也就是天台家的圓教相似即佛位境界。

（六）「得千二百意功德，以是清淨意根，乃至聞一偈一句，通達無量無邊之義。解是義已，能演說一句一偈，至於一月四月，乃至一歲，諸所說法，隨其義趣，皆與實相不相違背。若說俗間經書，治世語言，資生業等，皆順正法。三千大千世界，六趣眾生，心之所行，心所動作，心所戲論，皆悉知之。雖未得無漏智慧，而其意根，清淨如此。是人有所思惟、籌量、言說，皆是佛法，無不真實，亦是先佛經中所說。」

這段經文是說，以五品功德所得清淨意根：1.雖尚未得無漏無生法忍的智慧，已能隨所聞經，達無量義，乃至僅聞一句或一偈，亦通無量無邊的法義；由於通達無量法義，故於演說之時，雖為經中的一句一偈，可以或長或短演說妙義，短則一月四月，長則滿於一年，都能不離該一句或一偈的範圍，而其所說之法，隨其義趣宗旨，皆與一實相理不相違背。2.如果涉及世俗間的各家宗教哲學等經書、治理世間人事的語言、資產營利生財等事，不論主題是什麼，也會與正法隨順，援用世間法，導歸於佛法。3.悉知三千大千世界內的六道眾生，心之所行、所動、所作戲論。

此段經文所說「清淨意根」功德，主要是在理解正法，通達法義，深入法海，所以能夠聞一而得知無量無邊，說一而演為無窮無盡。由於已經通達無量無邊法義，故其不論觸及任何世俗的經典學問技術，原則原理，都能歸宗於佛的正法。也由於意根清淨，雖然未得神通，三界之內的六道一切眾生，心之所行、所動、有所戲論，亦皆能夠瞭如指掌。

六根中的前五根為色法，為神經肌肉組織成的官能；第六意根，非父母所生，非色法所屬的一種心法，小乘的《俱舍論》以前念的意識為意根，後念以前念為根故。大乘的唯識學，以第七末那識為意根。《法華經》未曾明確指出意根的屬性究為色法或心法，唯於此品意根功德的作用，是聞一句一偈即能通達無量無邊法義而言，仍屬於慧解的心法。

二〇、常不輕菩薩品——當禮四眾，說法華經

前面〈法師功德品〉第十九，說明凡修五種功德，受持、讀、誦、解說、書寫《法華經》者，能得六根清淨的果報。此品則提出實例，說世尊本生的親身經歷，往昔為常不輕菩薩（Sadāparibhūta）之世，他只知用一句「汝等皆當作佛」示人，即得六根清淨。

同時也於本品說明，凡不受持此經或有毀謗此經者，終究亦因此經之緣力，能入於佛道。這便為迹門〈方便品〉中所見的增上慢人五千人等，以及〈譬喻品〉頌文中所說「毀謗此經」的罪惡，入阿鼻獄至無數劫者，開了救濟之門。

此品是以得大勢至菩薩（Mahā-sthāma-prāpta）為說法對象的代表，此即常侍西方阿彌陀佛的大勢至菩薩，一方面表示此經與西方淨土有關係，另一方面亦與本經第二十五品的觀世音菩薩相呼應。此二菩薩為阿彌陀佛脇侍，均為一生補處，而今都在法華會上出現。

「爾時佛告得大勢菩薩摩訶薩：汝今當知，若比丘比丘尼，優婆塞優婆夷，持法花經者，若有惡口罵詈誹謗，獲大罪報，如前所說，其所得功德，如向所說。」

這段經文是說，若有人受持《法華經》，自持、教人持，自讀、教人讀，自誦、教人誦，自解說、教人解說，自書寫、教人書寫，可得六根清淨的果報。若有人以惡口、毀謗、辱罵《法華經》，則如〈譬喻品〉的偈頌所說：「若人不信，毀謗此經，則斷一切，世間佛種。」死墮無間地獄，永斷佛種。但到本門流通分的〈常不輕菩薩品〉，不僅惡人有轉機，更加強調了不修五品功德，但唱一句「汝等皆當作佛」憶持不失，表示對一切眾生皆能成佛的唯一佛乘深信不疑，時時宣說，就有無量功德，而為成佛的主因。

「得大勢，乃往古昔，過無量無邊不可思議阿僧祇劫，有佛名威音王。」「如是次第有二萬億佛，皆同一號，最初威音王如來，既已滅度，正法滅後，於像法中，增上慢比丘有大勢力，爾時有一菩薩比丘，名常不輕。得大勢！以何因緣名常不輕？是比丘凡有所見，若比丘、比丘尼，優婆塞、優婆夷，皆悉禮拜讚歎，而作是言：我深敬汝等，不敢輕慢，所以者何？汝等皆行菩薩道，當得作佛。」

這段經文是說，過去無量無數劫前，有佛出世名威音王如來，此佛滅後，乃至有二萬億佛次第出世次第滅度，皆同一號：威音王佛。在最初一尊威音王佛滅度之後的像法階段，有一比丘，名常不輕，由於他每遇一位比丘、比丘尼、優婆塞、優婆夷，都會上前禮拜讚歎說：「我深深地向你們致敬，我不敢輕慢你們，為什麼呢？因為你們都是在行菩薩道，將來當得作佛。」而在那個時代，正是增上慢比丘有大勢力，不會相信他們在行菩薩道，更不會相信他們當來作佛。

「威音王佛」梵文 Bhīṣma-garjita-svara-rāja，是本經本品所見的古佛中，最古的一尊佛，佛壽四十萬億那由他恆河沙劫。禪宗常據此典故而云「威音那畔」，是指此佛之前的實際理地，為向上一著，向下則為佛門方便。

《法華經．提婆達多品》中，佛為極惡之人授成佛記，將提婆達多提昇到世尊老師的層次，他為古仙人時曾以佛法開示因地的世尊，終於因此成佛。於是形成大乘思想之中有逆行菩薩的信仰，既有逆行菩薩及順緣菩薩，那就不論遇惡人或善人，都宜看作自己的貴人、恩人。這種信仰，對我非常有用，以之自行化他，推廣不遺餘力。

此〈常不輕菩薩品〉強調，面對增上慢人不信懷疑，甚至毀謗辱罵大乘佛法如《法華經》者，仍堅定地讚歎禮敬他們，深信他們將來必定成佛，現前就是菩薩行者。這對於中國佛教的禪宗鼓勵極大，可與《涅槃經》的一切眾生皆有佛性，彼此呼應；不論信或不信，凡是有情，必將成佛。

此一信念對我的啟示功用極大，視一切人都是現在的菩薩、未來的佛。我也將此信心勸告他人，乃至全體世人。

「而是比丘，不專讀誦經典，但行禮拜，乃至遠見四眾，亦復故往禮拜讚歎，而作是言：我不敢輕於汝等，汝等皆當作佛。四眾之中有生瞋恚，心不淨者，惡口罵詈，言是無智比丘，從何所來？自言我不輕汝，而與我等授記，當得作佛。我等不用如是虛妄授記。如此經歷多年，常被罵詈，不生瞋恚，常作是言，汝當作佛。說是語時，眾人或以杖木瓦石而打擲之，避走遠住，猶高聲唱言，我不敢輕於汝等，汝等皆當作佛。」

這段經文，敘述常不輕菩薩深信人人皆當作佛，非常生動。他「不專讀誦經典」，故未修五品功德，不像一般法師講經說法；他只知常行禮拜比丘、比丘尼、優婆塞、優婆夷的四眾，邊拜邊讚說：「我不敢輕於汝等，汝等皆當作佛。」雖然那些增上慢人，及心不淨者，不信他們將來會成佛；甚至引起那些人的瞋恚心，用木杖磚塊石頭打他、擲他，他走避稍遠，依舊站在那兒高聲喊著：「我不敢輕於汝等，汝等皆當作佛。」

這段經文對中國佛教文化的影響極大，不重視形式的弘經演教，但有成佛的信心，便是一切都有了。我們至少可以見到三點：1.佯狂的大修行人，例如寒山、拾得、布袋、道濟等，是否有點神似？2.不求名聞、不避侮辱，但自默默遊化於人間的行腳僧們，是否有些相似？3.佛制比丘不得禮敬王者俗人，中國僧侶在佛菩薩化現的信仰下，向四眾禮拜以示感恩、懺悔、尊敬者有之。

「是比丘臨欲終時，於虛空中，具聞威音王佛，先所說法華經二十千萬億偈，悉能受持。」即得如前品所說「得是六根清淨已，更增壽命二百萬億那由他歲，廣為人說是法華經。」

常不輕比丘在快要命終的時候，聽到虛空中威音王佛為他開示。這時是像法時代，威音王佛早已涅槃，離開他很久了，但是因為他信心這麼堅定，認為一切四眾弟子都能成佛，所以威音王佛受他的感應而在空中發出聲音，對他宣講早先說過的《法華經》二十千萬億偈，他聽了之後能夠全部受持，於是就像第十九品所說的，得到六根清淨，並且延長他的壽命，達二百萬億那由他歲，住在世間，廣為其他人說《法華經》。

這位常不輕菩薩，原不轉讀經典，也未修習解說書寫經典，只知逢人就拜，並稱「我不敢輕於汝等，汝等皆當作佛。」僅由此一信行功德，臨終感得已經滅度的威音王佛在空中出聲，為他說彼佛先曾說過的二十千萬億偈的《法華經》，使他受持之後立即獲得〈法師功德品〉中的六根清淨，而且延命住世，弘演此經。

後於四千億佛世，受持讀誦此經，為四眾說，復值千萬億佛，亦於諸法中，說是經典，功德成就，當得作佛，即釋迦世尊是。「若我於宿世不受持讀誦此經，為他人說者，不能疾得阿耨多羅三藐三菩提。」

常不輕菩薩因為修了禮拜讚歎四眾、肯定四眾必將成佛的法門，最後聽到了全部《法華經》，弘講《法華經》，一生又一生、一生又一生地歷經四千億尊佛出世，每一尊佛出世的時候，他都受持讀誦這部《法華經》，而為四眾說這部《法華經》；接著又經過千萬億佛，也在諸佛之中說這部《法華經》，所以當功德成就的時候他就成佛了，這就是釋迦牟尼佛。

釋迦牟尼佛因為聽了《法華經》，說了《法華經》，經過那麼長的時間受持、讀、誦《法華經》，所以最後成了佛。釋迦牟尼佛成佛的因緣很多，在他修行菩薩道的階段中，歷經那麼多佛的時代、佛的世界，以及親近聽聞過諸佛所說的法，最重要的還是《法華經》，他之所以能夠成佛，主要原因也是由於《法華經》。

彼四眾輕賤常不輕菩薩者，「二百億劫，常不值佛、不聞法、不見僧，千劫於阿鼻地獄受大苦惱，畢是罪已，復遇常不輕菩薩教化阿耨多羅三藐三菩提。」即是今此會中四眾，「皆於阿耨多羅三藐三菩提，不退轉者是。」

那些侮辱、謾罵常不輕菩薩，以及用木棍、石頭、磚瓦打他的增上慢四眾，經過很長的時間，如〈譬喻品〉所說，受大苦報，罪報受畢，又遇到常不輕菩薩。正由於打罵侮辱了常不輕菩薩及其所唱「汝等（惡人）皆當作佛」的因緣，常不輕菩薩慈悲，反而把他們教化度脫了，如今在釋迦世尊法華會上的四眾菩薩，就都是在那個時候曾經打罵過他的人，此時都已經發了阿耨多羅三藐三菩提心，已經到了不退轉的程度。

這段經文為我們點出：1.毀謗《法華經》思想的人，以及辱罵、杖打、瓦石投擲弘揚「眾生成佛」信仰的人，罪過極重，定會受苦報。2.雖然種了惡因，要受罪報，但若由此結了善緣，終將成佛。3.菩薩度眾生，已經不是基於慈悲憐愍心，也超越了感恩報恩心，更不是如《老子》所說的「報怨以德」。而是出於對一切眾人的尊敬心，將每一個人平等地看作是現在的菩薩，未來的佛；如此一來，還會不願對每一位普通人禮拜讚歎的嗎？還不能如本品常不輕菩薩所說：「汝等皆行菩薩道，當得作佛」的嗎？

像這段經文的妙義，早已在中國佛教之中流傳，可惜尚未形成共同的風氣。我們法鼓山有鑑於社會時代的需要，正在努力推動「把一切人尊敬為行菩薩道的菩薩」的觀念。

二、如來神力品——十方世界，如一佛土

自此品以下的八品，均為本門流通分中的付囑流通，其中的〈如來神力品〉及〈囑累品〉為囑累流通，〈藥王品〉乃至〈妙莊嚴王品〉為化他流通，最後的〈普賢品〉為自行流通。

本品之所以列為「別付囑」，是因為對於本來所化的地涌菩薩們，授了四句話，乃係一切佛法的肝要：「如來一切所有之法，如來一切自在神力，如來一切祕要之藏，如來一切甚深之事。」皆以此經顯示宣說。佛告上行等菩薩大眾，當於如來滅後，弘此經典。

此處的「如來」，是指世尊及十方分身如來。在本經的每一品中，凡是介紹某一尊佛，必定會舉出佛的十種聖號，唯有十號具足，才算是佛。所謂十號，便是如來、應供、正遍知、明行足、善逝、世間解、無上士、調御丈夫、天人師、佛、世尊。每一稱號，便代表一項佛德，十數表示圓滿，代表一切數，故又以「萬德莊

嚴」來形容佛所具足的一切福慧。我們通常多用如來、世尊、佛的三種尊稱。

「如來神力」梵文 tathāgatarddhy-abhisaṃskāra，意為如來的神通所作，《正法華經》譯為「如來神足行」。是如來之心，從境智冥合的立場，起無緣大悲的力用之謂。

從我們這個娑婆世界的十個方向看出去，雖然有許多許多、無量無數的佛國淨土，但是〈如來神力品〉卻說：「十方世界，通達無礙，如一佛土。」一切佛等於一佛，一佛便涵蓋一切佛，同時在這一品中也表現出如來不可思議的神力。

「爾時千世界微塵等菩薩摩訶薩，從地涌出者，皆於佛前，一心合掌，瞻仰尊顏，而白佛言：世尊，我等於佛滅後，世尊分身所在國土，滅度之處，當廣說此經。」

這段經文是說，此時有千世界碎為微塵，一塵一數，一數等於一菩薩摩訶薩，是先前〈從地涌出品〉中從地涌出者，皆到釋迦佛前，一心合掌，瞻仰佛的尊顏，而且自陳心願說：「世尊，我等這麼多從地涌現出來的菩薩們，於世尊滅度之後，凡是世尊分身教化的國土中，我們會在那些分身佛的滅度之處，廣為解說此經。」

此處所說的「分身佛」，就是本經〈見寶塔品〉所見，釋迦牟尼佛的分身，來自十方各有百千萬億那由他恆河沙等國土中諸佛。是以佛的方便力、神通力，為度十方有緣眾生，分身無數，以無量國土現成佛相。

《梵網菩薩戒經》卷下，有千百億化身釋迦牟尼佛之說：「我今盧舍那，方坐蓮花臺。周匝千花上，復現千釋迦。一花百億國，一國一釋迦。各坐菩提樹，一時成佛道。如是千百億，盧舍那本身。」這是以報身的盧舍那佛為本身，千百億的釋迦佛為化身。《法華經》〈見寶塔品〉及〈如來神力品〉的分身佛，是以世尊為本身，十方百千萬億那由他恆河沙等國土諸佛，是釋迦的分身。其實是互具互融，本身分身，相即相入，互為體用的。

「爾時世尊，於文殊師利等，無量百千萬億舊住娑婆世界菩薩摩訶薩，及諸比丘比丘尼、優婆塞優婆夷，天、龍、夜叉、乾闥婆、阿修羅、迦樓羅、緊那羅、摩睺羅伽、人非人等，一切眾前，現大神力，出廣長舌，上至梵世；一切毛孔，放於無量無數色光，皆悉遍照十方世界。眾寶樹下，師子座上諸佛，亦復如是，出廣長舌，放無量光。」

這段經文是說，這時的世尊在文殊菩薩、舊住娑婆世界的菩薩等大眾之前，現大神通之力，出廣長舌相，上至梵世天。世尊全身的一切毛孔，皆放無量無數彩色之光，皆悉遍照十方世，眾寶樹下的與會諸佛，也於師子座上，出廣長舌相，放無量彩色光。面對的大眾，是文殊師利菩薩等無量無數原先就住在娑婆世界的菩薩摩訶薩，及僧俗四眾、天龍八部。特別標明是「舊住娑婆世界」的，而前一段標明是「從地涌出」的，做了對比和區分。

「廣長舌」為三十二種大人相之一，柔軟、紅薄，能覆面至髮際。有此舌相，言必真實不妄。《大智度論》卷八云：「佛出廣長舌，覆面上至髮際，語婆羅門言，汝見經書，頗有如此舌人而作妄語不？婆羅門言，若人舌能覆鼻，言無虛妄，何況乃至髮際，我心信佛，必不妄語。」《法華經》此處的廣長舌能至梵世，乃與升空坐於多寶佛塔之中廣大身相有關，亦與所現神力有關，乃為本品「十神力」之首。故於《阿彌陀經》六方各有「恆河沙數諸佛，各於其國，出廣長舌相，遍覆三千大千世界，說誠實言」。

「梵世」亦名梵世界、梵世天，是色界諸天的總稱，已離淫欲而以梵天為居住處，為梵世界。

「然後還攝舌相，一時謦欬，俱共彈指，是二音聲，遍至十方諸佛世界，地皆六種震動，其中眾生，天、龍、夜叉、乾闥婆、阿修羅、迦樓羅、緊那羅、摩睺羅伽、人非人等，以佛神力故，皆見此娑婆世界，無量無邊，百千萬億眾寶樹下，師子座上諸佛及見釋迦牟尼佛，共多寶如來在寶塔中，坐師子座。又見無量無邊百千萬億菩薩摩訶薩及諸四眾，恭敬圍繞釋迦牟尼佛。既見是已，皆大歡喜，得未曾有。」

這段經文，描述當時釋迦如來與多寶如來，在虛空中多寶塔內，共坐一個師子座上。由於先前釋迦如來及其分身無量諸佛，出廣長舌，身中毛孔放大光明，此時還攝舌相，釋迦如來以及無量諸佛，同時謦欬、彈指，由於佛身高大，此二音聲也極響亮，遍及十方諸佛世界，地皆六種震動。這些十方諸佛國土的眾生，包括天龍八部，皆以佛神力故得見此娑婆世界無量無邊百千萬億，眾寶樹下師子座上的十方諸佛及釋迦與多寶二佛，坐於師子座上，又見此土的百千萬億菩薩摩訶薩及諸僧俗四眾，恭敬圍繞釋迦牟尼佛。見後皆大歡喜，從未有過這樣的經驗。

讓我們回到〈見寶塔品〉，看看當多寶佛塔從地涌出，高五百由旬，縱廣二百五十由旬，住於空中；彼佛分身無數諸佛，本在十方世界，為聽釋迦佛說《法華經》故，盡集靈山上空。直到此品為止，共十一品，都是在虛空之中進行，此娑婆世界的一切會眾，也以佛的神力，在虛空中，故在人間的一般世人是未能見到的。而如此大的場面，如此多的諸佛菩薩，諸佛所化的大眾，其實只有釋迦世尊及多寶如來的分身和所教化的凡聖弟子。這就顯示出如來施教攝化的神力，以及如來變化分身的神力，是多麼地不可思議了。這樣的境界，除了親證實悟，唯有以絕對的信心來接受。

「謦欬」是《法華經．神力品》的十神力之一，所謂十神力，是指：1.吐廣長舌；2.通身毛孔放光照十方世界；3.謦欬、謦咳，清喉準備說話囑咐相；4.彈指，表示隨喜相；5.地六種震動，表示震除無明而登菩薩的十住、十行、十迴向、十地、等覺、妙覺之六種果位；6.普見大會，表示諸佛同道；7.空中唱聲，諸天於空中高聲唱言；8.南無釋迦牟尼佛；9.遙散諸物雲集而來；10.十方通同。

此十種神力，在這段經文中，說出了前六種，自七種起至第十種，則到下一段經文中介紹。

「地皆六種震動」，是指十方諸佛世界的大地六種震動。此在大、小乘諸經論中，略有出入：1.《長阿含經》卷二，六時大地震動，即於佛陀的入胎時、出胎時、成道時、轉法輪時、天魔勸諸佛將捨性命時、涅槃時。2.《涅槃經》卷二，與此相似。3.《大般若經》卷一的三千大千國土六種震動，是指動、極動、等極動，涌、極涌、等極涌，震、極震、等極震，擊、極擊、等極擊，吼、極吼、等極吼，爆、極爆、等極爆。這是六種十八相震動。4.晉譯《華嚴經》卷二，也舉六種十八相震動：動、遍動、等遍動，起、遍起、等遍起，覺、遍覺、等遍覺，震、遍震、等遍震，吼、遍吼、等遍吼，涌、遍涌、等遍涌。

從以上所示的大地六種震動的內容狀況而言，絕非自然災害的地殼斷層或板塊移動所引起的地震，而是眾生的心地，受到震聾發聵的佛法啟蒙，而產生變動，變動無明煩惱而為智慧菩提，晨鐘暮鼓，喚醒眾生的夢想顛倒，名為大地六種震動。佛經將之具象化，為了讓人起信，便用神力做為表現。

「即時諸天，於虛空中，高聲唱言：過此無量無邊百千萬億阿僧祇世界，有國名娑婆，是中有佛，名釋迦牟尼，今為諸菩薩摩訶薩，說大乘經，名妙法蓮華，教菩薩法，佛所護念，汝等當深心隨喜，亦當禮拜供養釋迦牟尼佛。彼諸眾生，聞虛空中聲已，合掌向娑婆世界，作如是言：南無釋迦牟尼佛，南無釋迦牟尼佛。以種種華香、瓔珞、幡蓋及諸嚴身之具，珍寶妙物，皆共遙散娑婆世界，所散諸物，從十方來，譬如雲集，變成寶帳，遍覆此間諸佛之上。于時十方世界，通達無礙，如一佛土。」

當世尊在虛空的塔中被無量會眾恭敬圍繞之時，便有諸天於虛空中，高聲唱說，從這兒過去遙隔無量無邊無數百千萬億世界，有娑婆國土，有釋迦牟尼佛，正在為諸菩薩摩訶薩等說大乘《妙法蓮華經》，教的是菩薩法門，為諸佛所護念，你們當深心隨喜，禮拜供養此釋迦牟尼佛。

十方遙遠國土中的眾生，聽到虛空中的勸勉的聲音之後，便都合掌，遙向娑婆世界，而言「南無釋迦牟尼佛」，連續持誦。並以種種莊嚴資具，遙散娑婆世界，雲集而至，變成寶帳，遍覆娑婆世界靈山海會的諸佛之上。此時的十方佛土，通達無礙，如一佛土。

這段經文是說諸天高唱，提醒十方無量世界之外的諸佛國中有緣眾生，釋尊弘經，因此而遙向娑婆世界，合掌致敬，並散供物供養。終於使得十方世界彼此通達，如一國土。這種神力，唯佛能現。其實，唯一佛乘，也只有佛佛同道，彼此清楚，此處本門中的一切佛事，也當解作是實際理體的形象化，說的是事相，明的是理體。既明十方諸佛是釋迦世尊的分身佛，此處的十方國土，為何不解作是釋迦世尊的應化土呢？

本門中所說的釋迦世尊，實即代表著諸佛的法、報二身，由於法、報、應的三身，互具互入，故說釋迦之時，實即指的是法、報二身。這才要說「十方世界，通達無礙，如一佛土」，因為佛的神力不可思議。但也不要忘了，本門的佛就代表理佛，與其信為神力，何若信為真際的善巧表現。若得法華三昧，親證法身理體，《法華經》中理事互融的境界，當然可以親自體現。

「諸天」梵文提婆 deva，是六趣或六道之一的天道眾生，稱欲界、色界、無色界，為諸天界。也有將超越於人之能力的鬼神等，尊稱為諸天；也有尊稱已得三乘果位的聖者為諸天。本品所說的「諸天」，宜為三乘聖者。因為三界內的欲界天，無此威力，色界天唯初禪（靜慮處）的大梵天有此可能，但也無力使得十方佛土的眾生都能聽到，二禪天以上是禪境中眾生，不會出聲，沒有舌用故。

諸天共分為欲界、色界、無色界三大類。依《俱舍論》卷八所載，欲界六天、色界十七天、無色界四天，共二十七天。欲界為四大王眾天、三十三天、夜摩天、覩史多天、樂變化天、他化自在天。色界初靜慮處有三天：梵眾天、梵輔天、大梵天；第二靜慮處有三天：少光天、無量光天、極光淨天；第三靜慮處有三天：少淨天、無量淨天、遍淨天；第四靜慮處有八天：無雲天、福生天、廣果天、無煩天、無熱天、善現天、善見天、色究竟天。無色界有四天：空無邊處、識無邊處、無所有處、非想非非想處。

「爾時佛告上行等菩薩大眾：諸佛神力，如是無量無邊不可思議。若我以是神力，於無量無邊百千萬億阿僧祇劫，為囑累故說此經功德，猶不能盡。以要言之：如來一切所有之法，如來一切自在神力，如來一切祕要之藏，如來一切甚深之事，皆於此經宣示顯說。是故汝等於如來滅後，應一心受持、讀、誦、解說、書寫、如說修行。所在國土，若有受持、讀、誦、解說、書寫、如說修行，若經卷所住之處，若於園中、若於林中、若於樹下……是中皆應起塔供養。」

此時釋迦如來對〈從地涌出品〉中於「娑婆世界之下，此界虛空中住」而涌現於靈山會場的無量千萬億菩薩摩訶薩宣稱：諸佛神力，有如上所見的無量無邊不可思議。他們領眾的有上行、無邊行、淨行、安立行等四大菩薩，又以上行菩薩為上首的代表。釋迦如來此時對上行菩薩要「囑累」的事，就是修行《法華經》的功德之大、之多、之好，即便是用釋迦世尊的神力，說上無量無邊百千萬億阿僧祇劫，猶說不盡。

不過簡要地說，可用四句話來概括：《法華經》是「如來一切所有之法，如來一切自在神力，如來一切祕要之藏，如來一切甚深之事」。所以囑累上行菩薩等一切從地涌現菩薩，於釋迦如來滅度之後，應一心受持、讀、誦、解說、書寫，如說修行。而且對上行等無量無數菩薩大眾要求：於佛滅後，若有受持、讀、誦、解說、書寫，如說修行者所在之處，若此經典所在之處，不論是在何種環境內，皆應為之起寶塔供養。

本品所說的四句法要，即是本經內容濃縮的介紹，非常簡明扼要。在〈分別功德品〉中曾說：「如來滅後，若聞是經，而不毀呰，起隨喜心，當知已為深信解相，……是善男子善女人，不須為我復起塔寺。」又說：「若有受持、讀誦、為他人說、若自書、若教人書，供養經卷，不須復起塔寺，及造僧坊供養眾僧。」到了〈如來神力品〉中，又回過頭來，與本門〈授記品〉等曾說「諸佛滅後，各起塔廟」，先後呼應。這是本經一貫的主張：見經即見法，見法即見佛。佛滅度後，以經法為依歸，不以他的肉身舍利為依止。

唯於供僧觀念，在阿含部及律部，極其重要，於大乘經典中，則崇佛重法，偏輕於供僧，《法華經》也是側重於佛及法的立場。此對普及正信的佛教而言，是利是弊，難以論定。不強調供僧，可以避免形成宗教師的特權，也避免只顧供僧求福而忽略了對於法的理解及實踐；可是也由於不強調供僧，宗教師在修行過程中缺少外護，對於年輕宗教師的培養也就很困難了。

偈云：「能持是經者，則為已見我，亦見多寶佛，及諸分身者；又見我今日，教化諸菩薩。」

此六句經文，也是強調佛教以法為中心。佛法有三乘及唯一乘，餘經所說固然也是佛法，不過是三乘法，唯有《法華經》才是究竟的一乘法。因此，若聞《法華經》，受持是經者，則為已見釋迦佛，同時也見了多寶佛，以及見了法華會上分身諸佛、無量無數與會的菩薩。可見受持《法華經》等於躬逢了靈山勝會。

二二、囑累品——摩頂付囑，宣法報恩

前一〈如來神力品〉是本門流通分中的付囑流通，是跟本〈囑累品〉，同屬於囑累流通。〈神力品〉名為別付囑；此〈囑累品〉為總付囑，又被名為如來摩頂付囑及塔外付囑。〈神力品〉中以《法華經》總攝一切佛法，更約為四句，付囑上行菩薩等，當於如來滅後弘傳；此〈囑累品〉則以餘經方便，導入《法華經》之付囑。

自〈見寶塔品〉迄本〈囑累品〉，《法華經》的「虛空會」終了；同時自〈從地涌出品〉迄此〈囑累品〉，對於上行菩薩等的付囑結束；《正法華經》及《添品法華經》都是《妙法蓮華經》的異譯本，也均以此品置於最後一品。古來治《法華經》者之間，因此亦有議論。（以上參考坂本幸男博士〈妙法蓮華經注〉）

太虛大師《法華經講演錄》云：「囑，付囑；累，重疊之義，謂再三付囑。」

「爾時釋迦牟尼佛，從法座起，現大神力，以右手摩無量菩薩摩訶薩頂，而作是言：我於無量百千萬億阿僧祇劫，修習是難得阿耨多羅三藐三菩提法，今以付囑汝等，汝等應當一心流布此法，廣令增益。如是三摩諸菩薩摩訶薩頂，而作是言，……汝等當受持、讀、誦，廣宣此法，令一切眾生普得聞知。」

這段經文是說，釋迦世尊以身、口、意三業加持，將妙法付託無量菩薩摩訶薩。以手摩無量菩薩摩訶薩頂是身業加持，而作是言是口業加持，以所修習難得的無上菩提妙法付囑是意業加持。三摩諸菩薩摩訶薩頂是表示殷切鄭重，付囑這些大士菩薩當受持、讀、誦此《法華經》，並廣為宣傳此法是為利益菩薩及一切眾生，令一切眾生普遍地得聞得知《法華經》是為慈悲無量的佛陀本懷。

釋迦世尊對一切與會的菩薩摩訶薩摩頂付囑，故註釋家們名之為總付囑；〈神力品〉是向地涌的上行菩薩等付囑，以此《法華經》於佛滅之後弘傳流布，故名之為「別付囑」。此品是再三摩頂付囑，全體性的重複叮嚀。這就表示最重要的《法華經》在虛空中進行的大會即將終了。

「所以者何？如來有大慈悲，無諸慳悋，亦無所畏，能與眾生佛之智慧、如來智慧、自然智慧。」

為何如來要將弘傳《法華經》的任務付託給無量無數諸大菩薩呢？那是由於如來只有大慈悲心，沒有一點慳吝不捨之念，亦不畏懼救度眾生的艱難工作，所以能夠普遍給與眾生佛的智慧、如來的智慧、自然的智慧。

依據《法華文句》解釋此三種智慧，是以三智相配合：佛之智慧為照空的一切智；如來智慧為照差別的道種智；自然智慧為並照空有的一切種智。這是以聲聞智、菩薩智、佛智來配此經的三智慧。太虛大師解釋此三智則云：「佛智慧，指佛之種智；如來智慧，指根本一切智，即一切智之體性智；自然智慧為無為智。」

其實也可以說，佛之智慧，即是如來智慧及自然智慧；名稱之不同，乃為加強語氣及表示佛智的重要性，因為如來就是佛，佛的智慧，眾生本具，唯欠開發，一旦成佛，佛智自然，非由修得，不從外來。所以下文重提佛智，便單舉如來智慧。

「如來是一切眾生之大施主，汝等亦應隨學如來之法，勿生慳悋，於未來世，若有善男子、善女人，信如來智慧者，當為演說此法華經，使得聞知，為令其人得佛慧故。」

此謂如來是一切眾生的大施主，大眾應該要學習如來之法，大眾學法之後也不要起慳吝之心，於佛滅後的未來世界，若有善男子、善女人，能夠相信如來的智慧，就應當為他們演說這部《法華經》，使他們得聞得知《法華經》，就可得到佛的智慧。

此處的「大施主」就是如來。施主布施財物，令人離貧窮苦而得生存樂，若以佛法布施則令眾生離煩惱生死苦而得解脫樂。世間凡夫僅可做到以財力布施，救一時之苦；三賢十聖能以佛法布施，可救眾生倒懸之苦而得解脫之樂；唯有如來是法中之王，於一切法得大自在，能應一切根器的眾生需求，普遍給予無上的佛法，同成無上的佛道。所以說一切世間善人是小施主，一切三乘聖者是中施主，諸佛如來是大施主。

布施有財施、法施、無畏施。世間善人，僅能做財布施；三乘聖者做法布施；諸佛如來，以最上佛法布施，一雨普潤一切眾生，此品前文又說「如來有大慈悲，無諸慳恪，亦無所畏」，因慈悲無慳吝，故能以無畏做布施。慈悲而無所緣境，名之為大慈悲，即是三輪體空施；有大慈悲，即能以無所畏行法布施，所以佛是大施主。

「若有眾生不信受者，當於如來餘深法中，示教利喜。汝等若能如是，則為已報諸佛之恩。」

這幾句經文是說，如果於佛滅度後，有一些眾生由於根器的原因，不能信受《法華經》，也當為他們解說如來曾經說過的其餘深法，使他們獲得利益而感受到法喜，漸次由三乘法而入一乘法。接受了如來三摩其頂的無量無數諸菩薩們，若能如此依教奉行，便是已報如來所授的法乳之恩。

此段經文指出兩點，相當重要：1.佛法門中，不捨任一眾生，根熟之者，直接授以《法華經》的一乘妙法；根未熟者，不妨先用佛曾說過的其餘深法，即是對二乘淺法而言的通教大乘及別教大乘經典。2.佛住世時，即提倡上報四恩的觀念，教誡弟子們當知恩報恩。收錄於「本緣部」的《大方便佛報恩經》卷一所說，如來為報歷劫一切父母之恩故，「常修難行苦行，難捨能捨，……乃至具足一切萬行」。在《維摩經．菩薩品》云「為報佛恩，亦大饒益一切眾生」，為了報恩而修道度眾生。本經則以弘講如來深法，做為報佛之恩。

「時諸菩薩摩訶薩，聞佛作是說已，皆大歡喜，遍滿其身，益加恭敬，曲躬低頭、合掌向佛，俱發聲言：如世尊勅，當具奉行，唯然世尊，願不有慮。諸菩薩摩訶薩眾，如是三反，俱發聲言：如世尊勅，當具奉行，唯然世尊，願不有慮。」

這是當時的諸菩薩們對釋迦牟尼佛的回應。聽到世尊這麼付囑，他們非常歡喜，滿心滿身都歡喜，對佛更加恭敬，曲身低頭、兩手合掌，大家同時向著如來發聲宣誓：「世尊，你對我們的交代及訓勉，我們一定會照著去做。是的，世尊啊，請你不要擔心。」這樣的話，他們一連同聲講了三遍。

這是受了如來以妙法、深法委付之後的法會全體菩薩們，做出的共同承諾。

「爾時釋迦牟尼佛，令十方來，諸分身佛，各還本土，而作是言：諸佛各隨所安。多寶佛塔，還可如故。」

這是釋迦牟尼佛為讓十方來的分身諸佛都各回原來的本土佛國，而說：諸位分身佛，可以回去了，但是多寶佛塔，尚請留下。因為多寶佛是為了證明《法華經》，所以在世尊未說完《法華經》以前，請多寶佛塔還是留住靈山上方的虛空之中。到本經此下的第二十三品、第二十四品、第二十五品中，多寶佛塔還有任務未完。

「分身」是佛菩薩為了眾生的利益，可分其身，給他們化現與本身相同的身相，所以也是化身的一種。

化身佛為如來的三身之一，可有三種：1.依應身化現無量的佛身。2.如來為了適應所教化的對象需要，可以隨類而現人、天、龍、鬼等身。3.對於佛的法身、解脫身而言，八相成道的佛，是化身。

諸佛及諸大菩薩，可同時以無量分身，現於無量國土之內及無數眾生之前，例如處處見到觀世音菩薩，人人見到觀世音菩薩，卻未見觀世音菩薩有須臾間離開了極樂世界，彼土未離的是本身，處處見到的是分身。《法華經》所說分身佛，即是如此，是依應身佛的本身分出，此土的釋迦世尊是應身的本身，其餘十方諸佛是此土世尊的分身。

二三、藥王菩薩本事品——燒身供養，報聽經恩

自本〈藥王菩薩本事品〉至〈妙莊嚴王品〉，共計五品，是付囑之終結，都是站在勸勉流通此經的立場，然於流通分中，又自成三類：1.〈藥王〉及〈妙音〉二品，勸修苦行流通；2.〈觀音〉及〈陀羅尼〉二品，力護眾生諸難流通；3.〈妙莊嚴王品〉，功德殊勝流通。

本品因宿王華菩薩請法，釋迦如來為之敘述藥王菩薩之過去，名一切眾生喜見菩薩，為報於日月淨明德佛處，聽了《法華經》之恩，燒身供養的因緣，以說明受持《法華經》之功德。以種種譬喻，顯示強調《法華經》於諸經中「最為其上」、「最為第一」，此經是「諸經之王」。

日月淨明德佛臨般涅槃，即敕一切眾生喜見菩薩曰：「善男子，我以佛法囑累於汝。」

「爾時宿王華菩薩白佛言：世尊！藥王菩薩云何遊於娑婆世界？世尊，是藥王菩薩，有若干百千萬億那由他難行苦行，善哉世尊，願少解說。諸天龍神、夜叉……又他國土諸來菩薩，及此聲聞眾，聞皆歡喜。」

此段經文，是由宿王華菩薩向釋迦世尊提出請求，希望由世尊說明有關藥王菩薩修了無量無數苦行的事蹟，為讓由他方來此的諸菩薩們，以及此土的聲聞大眾、天龍八部等，都起歡喜心。

此品鼓勵以苦行來供養《法華經》以及說此《法華經》的日月淨明德佛。苦行的梵文是 duṣkara-caryā 又作 tapas，盡人皆知，世尊出家以後，曾經苦行階段，乃至一日僅食一麻等的苦行生活。苦行即是痛苦之行，是以自苦己身做為堪忍苦惱之行，以達成印度諸外道所指望的生天目的。

在《過去現在因果經》卷二，即有記載世尊初出家時，於跋伽仙人處，見到諸修道者苦行的狀況，或有以草為衣，或以樹皮為服，或唯食草木花果，或一日一食、二日一食、三日一食，或事水火，或奉日月，或翹一腳，或臥塵土荊棘，或臥水火之側。

又在《大般涅槃經》卷十六，《大慈恩寺三藏法師傳》卷四，均有關於苦行外道，受持牛戒、狗戒、雞鴙戒，以灰塗身，自餓、投淵、赴火、自高巖墜落、五熱炙身、飲噉便穢及腥臊惡臭等物的記載。

雖然世尊是拋棄了苦行的方法，主張以不樂不苦的中道行而成佛道，但在世尊弟子之中，仍有以苦行的頭陀生活為修行模式。苦行的生活方式，能夠抑制欲望，特別是對治情欲的奔放，而且也最容易感動他人，令人生起信心。但是抑制欲望並不等於消滅了煩惱，只要一有機會，欲望之火，還是會自害害人，故非究竟辦法，唯有從內心淨化，自覺的啟發，才得從煩惱解脫。

《法華經．藥王菩薩本事品》追敘這位菩薩往昔生中的苦行，是為使得三乘聖眾及天龍神眾等生歡喜心。不過，菩薩的苦行是為上供諸佛、下化眾生的報恩之行，不同於外道的修行者，是以自苦現在的身體，來做求生天上換取未來天色身的果報。故在世尊的本生譚中，也有說到佛在因地修種種苦行，例如割肉餵鷹、捨身飼虎、抉眼與人等記載，那都是為慈悲眾生而行的苦行，跟一般外道修苦行的目的大不相同。

在比丘律中明言，自殘、截肢，以無意義的肉體受痛苦來做為修行，是犯戒的行為。大乘經中，像《法華經．藥王菩薩本事品》這樣的鼓勵以燒身、燒臂供佛報恩的例子也極罕見，如果有的話則另外一部在譯經史上有此諍議的《梵網經菩薩戒本》中，也有鼓勵一切苦行而云：「若不燒身、臂、指，供養諸佛，非出家菩薩。」是否受了《法華經》本品的影響則未可知。

「爾時佛告宿王華菩薩：乃往過去無量恆河沙劫，有佛號日月淨明德如來。」「為一切眾生憙見菩薩及眾菩薩、諸聲聞眾，說法華經。是一切眾生憙見菩薩，樂習苦行，於日月淨明德佛法中，精進經行，一心求佛，滿萬二千歲已，得現一切色身三昧，得此三昧已，心大歡喜，即作念言：我得現一切色身三昧，皆是得聞法華經力，我今當供養日月淨明德佛及法華經。即時入是三昧，於虛空中（作種種散華及散香等供養），……以供養佛。」

這段經文是說明於無量劫前，有一尊日月淨明德佛，為一切眾生喜見菩薩及諸菩薩、聲聞眾等說《法華經》。這位一切眾生喜見菩薩，聞此經典，樂習苦行，一心精進求佛，滿萬二千歲，修得現一切色身三昧，便思考著要供養日月淨明德佛及《法華經》，入此三昧，上升虛空，以曼陀羅華、摩訶曼陀羅華、細末堅黑旃檀等無價香，如雲如雨，以供養佛。

「作是供養已，從三昧起，而自念言：我雖以神力供養於佛，不如以身供養。即服諸香，……滿千二百歲已，香油塗身，於日月淨明德佛前，以天寶衣，而自纏身，灌諸香油，以神通力願，而自然身，光明遍照八十億恆河沙世界，其中諸佛，同時讚言：善哉！善哉！善男子，是真精進，是名真法供養如來，……是名第一之施，於諸施中，最尊最上，以法供養諸如來故。」

這段經文，很容易懂，也極感人，是說一切眾生喜見菩薩，以神力變化供養佛已，從三昧起，又發大心願，以身供養於佛，即服食種種名香，經千二百年，再以香油塗身，天衣纏身，灌各種香油，之後即以他的神通力，自燃其身，燃身發出的光明普遍照及八十億恆河沙數世界，那些世界中的無量無數諸佛，便同聲稱讚說：

「好！好！真是好！像這樣的善男子，才是真的精進修行菩薩道者，才是以真法供養如來，諸布施中，種種物品財產供養，均所不及，這是施中第一，最尊、最上的以法供養諸佛如來。」

「真法」一詞，在梵文是「這是真的如來供養、法供養」。燒身供佛的修行法，名為真法，其中的奧義為何？相信此等以燒身供佛的法門，絕非一般凡夫所應效法，是故自古以來對此經文的解釋就很重要，最標準的當推天台智者的《法華文句》卷十下云：「真法供養者，當是內運智觀，觀煩惱因果，皆用空慧蕩之，故言真法也。又觀若身若火，能供所供，皆是實相；誰燒誰然，能供所供，皆不可得，故名真法也。」

也就是說，用內在的智觀，觀照煩惱之因果，煩惱即被智觀所生的空慧蕩除，而見實際，故名空慧為真法，以空慧來觀能燃之火及所燃之身，無非實相；觀能供之自身及所供之諸佛皆不可得，亦是契入實相。以實相供養名真法供養，能以契入實相來供養，才是真精進，是施中第一、最尊、最上。將內在的修證經驗，以形像的故事來表達，所以有此燒身供佛的修行法門，此非一般凡夫所能洞悉，也非尋常的行者所得效仿。由此亦可理解智者大師於南嶽大師座下修法華三昧，誦此經至

「是真精進，是名真法供養如來」句下，獲得大悟的原因了。

「其身火燃，千二百歲，過是已後，其身乃盡。一切眾生憙見菩薩作如是法供養已，命終之後，復生日月淨明德佛國中，於淨德王家，結加趺坐，忽然化生。……往到佛所，頭面禮足，合十指爪，以偈讚佛：容顏甚奇妙，光明照十方，我適曾供養，今復還親覲。」

一切眾生喜見菩薩燒身供佛，經一千二百年，身體燒盡，隨即命終，又生於日月淨明德佛國中，因為彼國是佛的淨土，此經說：「彼國無有女人。」生彼國者，皆是跏趺而坐，忽然而生。生於王家，表示尊貴，便以王子身分，請求前往佛所，晉見親近。

「爾時日月淨明德佛，告一切眾生憙見菩薩：善男子我涅槃時到，滅盡時至，汝可安施床座，我於今夜當般涅槃。又勅一切眾生憙見菩薩：善男子，我以佛法囑累於汝……。」

這段經文是說，日月淨明德佛臨入涅槃，一切眾生喜見菩薩隨侍在側，並得彼佛遺命，以法囑累。接下來的經文又說，一切眾生喜見菩薩受了彼佛以法付囑，佛入滅後，即收取佛的舍利，作八萬四千寶瓶，起八萬四千塔。復「於八萬四千塔前，然百福莊嚴臂，七萬二千歲，而以供養。」諸菩薩眾及天人眾，見其無臂而生憂惱悲哀，一切眾生喜見菩薩即作誓言：「我捨兩臂，必當得佛金色之身，若實不虛，令我兩臂，還復如故。」作此誓已，兩臂自然還復。

「佛告宿王華菩薩，於汝意云何？一切眾生憙見菩薩，豈異人乎！今藥王菩薩是也。……宿王華！若有發心欲得阿耨多羅三藐三菩提者，能燃手指乃至足一指，供養佛塔，勝以國城妻子及三千大千國土，山林河池，諸珍寶物而供養者。若復有人，以七寶滿三千大千世界，供養於佛及大菩薩、辟支佛、阿羅漢，是人所得功德，不如受持此法華經，乃至一四句偈，其福最多。」

此段經文除了介紹一切眾生喜見菩薩，就是現在的藥王菩薩。首先是勸人若發起成佛的大菩提心，應當學習一切眾生喜見菩薩那樣地燃手指、腳趾供養佛塔，要比用任何多少的財物供養，功德更大。接著勸人受持《法華經》，乃至僅僅一偈的四句經文，要比以無數財寶供養諸佛及三乘聖眾的功德更多更大。若能真確明瞭《法華文句》對於「真法供養」的奧義說明，也就能夠理解到這段經文的燒指供佛及受持《法華經》的一四句偈，是前後一貫的同義異詞。

以下接著的經文，便是讚揚《法華經》為：

「於諸如來所說經中，最為深大。」

「於諸經中，最為其上。」

「於千萬億種諸經法中，最為照明。」

「於眾經中，最為其尊。」

「此經亦復如是，諸經中王。」

「此經亦復如是，於一切諸經法中，最為第一。」

「如佛為諸法王，此經亦復如是，諸經中王。」

以上所錄的經句，都是將《法華經》的地位，提昇到如來曾經所說諸經之中的最高層次，也是跟「真法供養」的經義連貫下來，既然將燒身供佛理解成以智觀觀煩惱因果，轉為空慧的實相，當然可以明白，受持《法華經》，契入一乘一味的真如實相，要比以財物供養，功德更多了。

「真法」唯由《法華經》而得，所以受持《法華經》，比諸其他一切經，當然是「最為深大」、「最為其上」、「最為照明」、「最為其尊」、「最為第一」，而且兩番讚此《法華經》為「諸經中王」。此在本經其他各品中，是沒有見過的。

「此法華經，亦復如是，能令眾生離一切苦、一切病痛，能解一切生死之縛。」「若有人聞是藥王菩薩本事品者，亦得無量無邊功德。若有女人，聞是藥王菩薩本事品，能受持者，盡是女身，後不復受；若如來滅後，後五百歲中，若有女人，聞是經典，如說修行，於此命終，即往安樂世界，阿彌陀佛，大菩薩眾，圍繞住處，生蓮華中，寶座之上。……得菩薩神通，無生法忍，得是忍已，眼根清淨。」「是故宿王華！以此藥王菩薩本事品囑累於汝。」「宿王華！汝當以神通之力，守護是經。」

上錄數段經文，是說《法華經》能令眾生離一切苦，病苦、生死苦，乃至僅僅得聞〈藥王菩薩本事品〉，也有無量功德。女人若受持此品，此身之後，永不復受；末世聞此《法華經》之女人，如經所說，照著修行受持、讀、誦、解說、書寫者，命終之後，便往西方阿彌陀佛的安樂世界，聖眾圍繞，蓮華化生。並得無生法忍，獲「清淨眼根，見七百萬二千億那由他恆河沙等諸佛如來」共同讚歎。故以〈藥王菩薩本事品〉以及此經，付囑守護。

在本經〈提婆達多品〉中，有龍女成佛的例子，表示女人身乃至畜女身，都有立即轉為男身成佛的可能。但於〈藥王菩薩本事品〉中，竟又接連兩度提到女人聽聞受持了本品及本經，即不復受女身，命終之後往生彌陀淨土，而且於日月淨明德佛國中亦「無有女人」。

關於此點疑問，吉藏大師《法華義疏》卷十一有云：「問：聞此品不受女人者，聞餘品亦應受耶？答：聞品品皆不受，但約事相似，故寄此品言之。以女人多愛著己身，種種嚴飾，今明菩薩捨身、捨臂，破彼著情故，不生染著，故捨女身也。」

「多寶如來，於寶塔中，讚宿王華菩薩言：善哉！善哉！宿王華，汝成就不可思議功德，乃能問釋迦牟尼佛如此之事，利益無量一切眾生。」

這是此品結尾，多寶如來於空中的塔中，出聲讚歎宿王華菩薩向釋迦如來問法的功德。

此品之中，藥王菩薩雖在現場，卻始終未發一語，僅由釋迦如來向宿王華菩薩說出藥王菩薩的前身一切眾生喜見菩薩，於過去無量恆河沙劫之時的日月淨明德佛之世，所行苦行的一段因緣。

二四、妙音菩薩品——四十種身，說法利生

前一品是藥王菩薩於因地中修行燒身燒臂供佛報恩的苦行，此品是妙音菩薩曾經無量劫，供養無數佛，示現六道眾生的形相身分，隨類化度眾生的苦行。天台智者則以〈藥王〉、〈妙音〉、〈觀音〉的三品，配為釋迦世尊的身、口、意三業，用來弘揚《法華經》，利益諸眾生。

「爾時釋迦牟尼佛，放大人相肉髻光明，及放眉間白毫相光，遍照東方百八萬億那由他恆河沙等諸佛世界。過是數已，有世界名淨光莊嚴，其國有佛，號淨華宿王智如來。」「爾時，……國中有一菩薩，名曰妙音，久已殖眾德本，供養親近無量百千萬億諸佛，而悉成就甚深智慧。」

這段經文介紹釋迦世尊從頂上肉髻及眉間白毫，放大光明，遍東方無量無數

諸佛世界，最後是淨華宿王智佛的淨光莊嚴國，彼佛座下有一尊妙音菩薩，久遠以來，早種各種功德，也供養過無量諸佛，智慧成就甚深難測。太虛大師以根本智及後得智，解此「甚深智慧」。

「得妙幢相三昧、法華三昧、淨德三昧、宿王戲三昧、無緣三昧、智印三昧、解一切眾生語言三昧、集一切功德三昧、清淨三昧、神通遊戲三昧、慧炬三昧、莊嚴王三昧、淨光明三昧、淨藏三昧、不共三昧、日旋三昧，得如是等百千萬億恆河沙等諸大三昧。」

妙音菩薩已得百千萬億恆河沙等諸大三昧，此經例舉其中的十六三昧名稱。太虛大師云：「定慧相應，故盡得諸大三昧。三昧者，正定之謂，以一心真如為體，而平等正住於無邊功德之相，特隨相立名分別為十六三昧名稱耳。」太虛大師是以《大乘起信論》與唯識的立場解釋此經智慧及三昧。

十六三昧各為何義？

（一）妙幢相三昧：在一切三昧中，最為尊長，如軍隊的大將以幢為戰勝之表相。

（二）法華三昧：納一切法同歸於實相之理。

（三）淨德三昧：安住於本心清淨之德。

（四）宿王戲三昧：於諸三昧，達觀自在，遊戲法界之謂。

（五）無緣三昧：離能緣之法界所緣三昧，不取對象，任運自在之謂。

（六）智印三昧：般若之智與境所含，常照常寂之謂。

（七）解一切眾生語言三昧：盡能了解眾生所用一切語言而為說法。

（八）集一切功德三昧：集成一切福德而自在無礙。

（九）清淨三昧：住於究竟清淨而得自在。

（十）神通遊戲三昧：能以神通之力度脫眾生，如本品妙音菩薩能不離其本國而示現來此世界。

（十一）慧炬三昧：天台謂以空假中之三慧，照見思、塵沙、無明之三惑而歸於寂淨。

（十二）莊嚴王三昧：具足最勝福慧，百福莊嚴。

（十三）淨光明三昧：性淨大光明照。

（十四）淨藏三昧：具足一切清淨德藏。
（十五）不共三昧：妙音菩薩所得正定，不共二乘。
（十六）日旋三昧：謂如日光照耀眾生，周而復始，日復一日。

「釋迦牟尼佛光照其身，即白淨華宿王智佛言：世尊！我當往詣娑婆世界，禮拜親近供養釋迦牟尼佛，及見文殊師利法王子菩薩、藥王菩薩、勇施菩薩、宿王華菩薩、上行意菩薩、莊嚴王菩薩、藥上菩薩。」

此段經文是說，由於釋迦世尊的光照，妙音菩薩便向淨華宿王智佛請求，准其前來娑婆世界，親近供養釋迦如來，並見文殊、藥王、勇施、宿王華、上行意、莊嚴王及藥上菩薩。此處的「上行意」似乎與地涌菩薩的「上行」不是同一菩薩，若係是同，則不應另加一個「意」字。

「於是妙音菩薩不起于座，身不動搖，而入三昧，以三昧力，於耆闍崛山，去法座不遠，化作八萬四千眾寶蓮華，閻浮檀金為莖，白銀為葉，金剛為鬚，甄叔迦寶以為其臺。」文殊菩薩欲見妙音菩薩。「時多寶佛，告彼菩薩：善男子，來！文殊師利法王子欲見汝身。于時妙音菩薩，於彼國沒，與八萬四千菩薩，俱共發來，所經諸國，六種震動。」

由於妙音菩薩已得法華三昧，故來娑婆世界是聽釋迦如來說《法華經》及見文殊等諸菩薩。他先是以三昧力來此世界的靈鷲山世尊法座之前，化現一座寶蓮華臺，然後應多寶如來之命，於彼國沒，率眾來此，所經諸國，皆六種震動。

「爾時華德菩薩白佛言：世尊！是妙音菩薩種何善根修何功德，有是神力？佛告華德菩薩，過去有佛，名雲雷音王……妙音菩薩於萬二千歲，以十萬種伎樂供養雲雷音王佛，并奉上八萬四千七寶鉢，以是因緣果報，今生淨華宿王智佛國，有是神力。……是妙音菩薩，已曾供養親近無量諸佛，久殖德本。又值恆河沙等百千萬億那由他佛。華德！汝但見妙音菩薩其身在此，而是菩薩，現種種身，處處為諸眾生，說是經典。」

這段經文是說，華德菩薩請示世尊，有關這位妙音菩薩的修證過程。世尊告知華德菩薩：妙音菩薩在過去雲雷音王如來座前，即已做過一萬二千歲的十萬種伎樂及八萬四千寶鉢供養，因此而得妙音之名。又曾於無量諸佛處親近供養，植眾德本，以此因緣果報，有此神力，並能雖身在此，而化種種身，為眾生說此《法華經》。

從這段經文所見妙音菩薩，猶同於地藏菩薩，雖已親近供養無量諸佛，經無量劫，仍未成佛，還在像觀世音菩薩那樣地處處化現種種身相，隨類攝化廣度眾生。

「或現梵王身，或現帝釋身，或現自在天身，或現大自在天身，或現天大將軍身，或現毘沙門天王身，或現轉輪聖王身，或現諸小王身，或現長者身，或現居士身，或現宰官身，或現婆羅門身，或現比丘、比丘尼、優婆塞、優婆夷身，或現長者、居士、婦女身，或現宰官婦女身，或現婆羅門婦女身，或現童男、童女身，或現天、龍、夜叉、乾闥婆、阿修羅、迦樓羅、緊那羅、摩睺羅伽、人非人等身，而說是經。諸有地獄、餓鬼、畜生、及眾難處，皆能救濟。乃至於王後宮，變為女身，而說是經。」

「如是種種變化現身，在此娑婆國土，為諸眾生說是經典。」「於十方恆河沙世界中，亦復如是，若應以聲聞形得度者，……應以辟支佛形得度者，……應以菩薩形得度者，……應以佛形得度者，……隨所應度而為現形。」

此段經文極似〈觀世音菩薩普門品〉的三十三種化現身，以及《楞嚴經・觀世音菩薩耳根圓通章》的三十二種化現身，本品所舉的妙音菩薩則標示出四十種以上的化身。包括了六凡四聖十法界的一切身分形相，尤其於「眾難處，皆能救濟」。不僅來此娑婆世界，而是遍及「十方恆河沙世界」。於時間而言，歷經無量無數劫；以空間而言，普及十方一切國土。永遠地、普遍地親近供養一切諸佛，永遠地、普遍地隨類化度一切眾生。絕對不像聲聞根性的人，只求自度自了自得解脫，也不像一般附佛外道、野狐禪客、密乘術士，開口閉口都要即刻開悟、即身成佛，顯得何等自大自私。

「變化現身」的信仰與「眾難」、「救濟」的信仰，給中國大乘佛教帶來極為豐富的慈悲精神，並且使人能夠視一切眾生的種種形態，都是菩薩化現的現身說法，比起〈常不輕菩薩品〉僅對人類的四眾佛子禮拜稱歎，又進了一步。我個人就是稟持這樣的信仰，草木無情都說法，何況有情眾生，難道不是佛菩薩的示現嗎？

但是這種信仰也為大乘佛教帶來神佛不分及以凡濫聖的流毒。使得欺世盜名之徒及諂媚背理之流，便以佛菩薩的化身、分身自居，或將權重勢大的俗人，稱為佛菩薩的權現。此在中國的漢地及藏地，東北亞的韓國及日本，都是屢見不鮮的事。

二五、觀世音菩薩普門品——三十三身，尋聲救苦

觀世音的梵名Avalokiteśvara，《正法華經》譯為光世音，《心經》譯為觀自在。「觀」是能觀之一心三智，「世音」是所觀的十法界眾生；也就是說，「觀」者菩薩之應也，「世音」者眾生口業之感也，感與應具，即名觀世音。至於普門的意義，「普」者遍也，「門」者開通無礙也。吉藏大師《法華玄論》卷十云：「普門謂現一切身，即是法身，……即是解脫也。」

此品在中國特別盛行，河西王沮渠蒙遜時代，曾於《法華經》外單行流通，稱《觀音經》。民間傳誦「家家彌陀佛，戶戶觀世音」的普遍化，也跟《阿彌陀經》的持名念佛及《觀音經》的念觀世音聖號，有密切關係。

此品的請法主是無盡意菩薩。

「爾時無盡意菩薩，即從座起，偏袒右肩，合掌向佛，而作是言：世

尊！觀世音菩薩，以何因緣，名觀世音？」

由於無盡意菩薩的請問，何故這位菩薩名為觀世音？世尊即逐一說出有十四種原因，所以被稱為觀世音，敬錄其前半的七項感應功德如次：

「若有無量百千萬億眾生，受諸苦惱，聞是觀世音菩薩，一心稱名，觀世音菩薩即時觀其音聲，皆得解脫。」

「若有持是觀世音菩薩名者，設入大火，火不能燒。」

「若為大水所漂，稱其名號，即得淺處。」

「入於大海，假使黑風吹其船舫，漂墮羅剎鬼國，其中若有乃至一人稱觀世音菩薩名者，是諸人等，皆得解脫羅剎之難。」

「若復有人臨當被害，稱觀世音菩薩名者，彼所執刀杖，尋段段壞，而得解脫。」

「若三千大千國土，滿中夜叉羅剎，欲來惱人，聞其稱觀世音菩薩名者，是諸惡鬼，尚不能以惡眼視之，況復加害。」

「設復有人，若有罪、若無罪，杻械枷鎖，檢繫其身，稱觀世音菩薩名者，皆悉斷壞，即得解脫。」

以上七項，持誦觀世音菩薩的感應功德，已相當浩大。無量百千萬億眾生，若有一切苦惱，但能一心持誦觀世音菩薩聖號，不論多少眾生有多少苦惱，菩薩都能即時觀其持誦之聲而令皆得解脫。不論是被大火所燒、大水所漂，或在大海中航行時遇到惡浪暴風，或臨被害受戮之時，或被夜叉羅剎惱害，或不論有罪無罪而被枷鎖囚禁之際，凡能稱念觀世音菩薩聖號者，都得平安無恙。救無罪之人，也救犯罪之人，是無緣慈悲。

〈普門品〉又說：「是菩薩能以無畏施於眾生」，若遇險路怨賊，稱名亦得解脫。凡有眾生若多淫欲、多瞋恚、多愚癡者，稱名便得離欲、怒、愚癡。若有女人設欲求子、求女，稱名便生福德智慧的子女。

因此菩薩有如是「大威神力」，「若有人受持六十二億恆河沙菩薩名字，復盡形供養飲食、衣服、臥具、醫藥，……若復有人受持觀世音菩薩名號，乃至一時禮拜供養，是二人福，正等無異。於百千萬億劫，不可窮盡」。持誦觀世音菩薩，有如上所見的無量不可思議功德，不僅於現世的當下，能免一切苦難災厄，能得福德智慧的子女，亦能於未來的百千萬劫，獲福無盡。是以世尊又說：

「無盡意！受持觀世音菩薩名號，得如是無量無邊福德之利。」

以上所舉經文的例子，僅是其中代表，觀世音菩薩的尋聲救苦，乃是無苦不拔、無難不除、無厄不救的。現世轉貧窮為富足，轉病苦為健康，轉短命為長壽，轉卑賤為高貴，轉愚昧為智慧，轉孤獨為樂眾，轉脆弱為堅強等。至未來世，則能如偈頌所說：「種種諸惡趣，地獄鬼畜生，生老病死苦，以漸悉令滅。」這是說，若能稱念觀世音菩薩聖號，便會獲得觀世音菩薩「妙智力」及「神通力」的加被加持，不入三惡道，遠離生死苦，而得涅槃樂。

接下來便介紹觀世音菩薩以三十三種應化身，隨類示現，應機說法：

「若有國土眾生，應以佛身得度者，觀世音菩薩即現佛身而為說法。應以辟支佛身得度者，即現辟支佛身而為說法。應以聲聞身得度者，即現聲聞身而為說法。應以梵王身得度者，即現梵王身而為說法。應以帝釋身得度者，即現帝釋身而為說法。應以自在天身得度者，即現自在天身而為說法。應以大自在天身得度者，即現大自在天身而為說法。應以天大將軍身得度者，即現天大將軍身而為說法。應以毘沙門身得度者，即現毘沙門身而為說法。應以小王身得度者，即現小王身而為說法……。」

以上經文所示「若有國土」，表示十方無量無數世界中的任何一個國土，凡有十方法界的任何一類眾生，需要觀世音菩薩說法救拔，觀世音菩薩便會化現各法界的眾生形相為之說法，故也不限於我們這個娑婆世界，乃與前品的妙音菩薩相同。但也不要以為由於十方法界之中，都有眾生需要觀世音菩薩現彼等諸身說法救度，便會減弱了對於此一世界眾生的照顧程度；妙音菩薩及觀世音菩薩的神力悲願，是處處化現說法，度無量眾生，而又「不起于座，身不動搖」的。

觀世音菩薩普門示現，除了如上所錄的十種應現身，尚有長者身，居士身，宰官身，婆羅門身，比丘、比丘尼、優婆塞、優婆夷身，婦女身，童男、童女身，天龍、夜叉、乾闥婆、阿修羅、迦樓羅、緊那羅、摩睺羅伽、人非人等身，執金剛神身。因此世尊又說：

「無盡意！是觀世音菩薩，成就如是功德，以種種形，遊諸國土，度脫眾生。是故汝等應當一心供養觀世音菩薩。是觀世音菩薩摩訶薩，於怖畏急難之中，能施無畏，是故此娑婆世界，皆號之為施無畏者。」

這段經文，再度提到觀世音菩薩成就了如此多的大功德，以應現種種身體的形相，「遊諸國土，度脫眾生」，不僅是在我們這個釋迦如來所化的國土。由於這尊大菩薩「於怖畏急難之中」能施眾生無畏，故此娑婆世界，將觀世音菩薩稱為「施無畏者」，因此勸勉無盡意菩薩，「應當一心供養此觀世音菩薩」。

「無盡意菩薩白佛言：世尊！我今當供養觀世音菩薩。即解頸眾寶珠瓔珞，價值百千兩金，而以與之。作是言：仁者！受此法施，珍寶瓔珞。」

無盡意菩薩依佛教示，即解頸間由極珍貴的寶珠綴成的瓔珞，供養觀世音菩薩，並尊稱：「仁者！受此法施。」吉藏大師的《法華義疏》卷十二，對此珍寶供養稱為「法施」，有如此解釋：「言法施者，如法布施也，又為法故施也，又達財法不二也。」太虛大師《法華經講演錄》也說：「受此法施，謂受此如法之施。」若將〈藥王菩薩本事品〉中，以燒身供養為「真法供養」，也就可以理解此處的「法施」，乃係以珍寶瓔珞做為真如實相的表徵。

觀世音菩薩初不肯接受這份供養，結果世尊勸勉觀世音菩薩，應慈愍無盡意菩薩的恭敬以及為了解救四眾佛子天龍八部的愚昧，觀世音菩薩才收下了，不過立即又轉供養兩尊如來。

「即時觀世音菩薩，愍諸四眾，及於天龍人非人等，受其瓔珞。分作二分，一分奉釋迦牟尼佛，一分奉多寶佛塔。」

在此品中，自始至終，都是無盡意菩薩與釋迦如來之間的問答，雖然談的都是關於持誦觀世音菩薩名號的感應，及其化現種種身形於諸國土，說法度脫無量眾生的事蹟，觀世音菩薩在現場卻未發一言，直到最後，也僅以動作表達了不受供養、接受供養、又轉供養。此中自有深意：以無言表示寂靜的實相，實相不離智用，故對十法界的分別相，是有普遍應現作無畏的大施；對於無盡意菩薩的「法施」，既是表徵真如實相的如法之施，即非一般世間物質的珍寶瓔珞，故以之分奉兩尊如來，以表徵唯佛與佛乃能究盡的諸法實相，是歸於佛果位的諸佛境界。另一方面也由兩位如來協同觀世音菩薩，印證了無盡意菩薩所證的境界，即是佛佛同道的真如實相。

由於「法施」的深意，即是與實相相印的大布施，上求諸佛印證，下啟一切眾生的昏暗。故於此品的偈頌之中，有如下的五偈：

「真觀清淨觀，廣大智慧觀，悲觀及慈觀，常願常瞻仰。無垢清淨光，慧日破諸闇，能伏災風火，普明照世間。悲體戒雷震，慈意妙大雲，澍甘露法雨，滅除煩惱焰。」

「妙音觀世音，梵音海潮音，勝彼世間音，是故須常念。念念勿生疑，觀世音淨聖，於苦惱死厄，能為作依怙。」

此中的五種觀，依天台宗的解釋：「真觀」是以空觀觀真諦，「清淨觀」是以假觀離塵沙之染汙，「廣大智慧觀」是雙照空假的中道觀，「悲觀」是用空假中的三觀以拔眾生之苦，「慈觀」是用空假中的三觀以與眾生之樂。觀世音菩薩具足此五觀之智及其德用，所以為一切眾生常願瞻仰。

觀世音菩薩有此不沾煩惱塵垢的智慧之光，對於眾生的昏暗而言，就像日輪一樣遇暗即破。由於能為眾生說法開示，能助眾生降伏各種風火等的災難，使得普及十方的世間眾生，都能獲得菩薩智慧之光的照明。同時亦以同體大悲之願力，為眾生興起一切戒法功德，如雷之開始震動，接著就是以戒滅惡，遍與眾生法樂，猶如慈悲的大雲，帶來甘露之法雨，滋潤長養一切善法，滅除一切眾生的煩惱熱焰。

窺基大師《妙法蓮華經玄贊》卷十末，對前舉第三偈的頭兩句則另有解釋：「大悲制戒如似雷震，言警勸也，方言戒備也，古文作誡。慈意普覆如妙大雲。」

至於此中的五種音，《玄贊》卷十云：「妙音與樂，觀音拔苦，梵音深淨，潮音應時，勝音出世。」依天台家的解釋，「妙音」是雙遮空有的空智之音；「觀世音」是雙照空有的中智之音；「梵音」是照慈、悲、喜、捨之四觀的假智清淨之音；「海潮音」是如海潮之不差時節，救濟眾生亦不失時之音，此同為假智之音也；「勝彼世間音」是音外無智，智外無音，智境雙合雙冥，乃為超越思慮之音。

由此五偈的解釋來看「法施」即「真法」供養，其中含有高深的哲理，都是指的實相無相而無不相，那才是《法華經》所說唯一佛乘的內容。是以要經常稱念，而且要於念念之間，不得生起懷疑心，一定要堅決地相信，觀世音菩薩是清淨的大聖者，於三界眾生的苦惱、死難、災厄而言，是絕對能做為依怙的大菩薩。

二六、陀羅尼品——諸陀羅尼，護持法師

此章是用神咒來護持說法者，為了化他而說祕密門，流通《法華經》。

陀羅尼是梵文 dhāraṇī 的音譯，義為總持，「總」則不起惡、不失善，「持」則能持善、能遮惡。《大智度論》卷五云：「陀羅尼，秦言能持，或言能遮；能持者，集種種善法，能持令不散不失，譬如完器盛水，水不漏散。能遮者，惡不善根心生，能遮令不生。若欲作惡罪，持令不作，是名陀羅尼。」

陀羅尼有四種：1.法陀羅尼，於佛教法，聞持不忘，又名聞陀羅尼。2.義陀羅尼，於諸法義，總持不忘。3.咒陀羅尼，依禪定，發祕密語，有不測之神驗，名為咒，於咒總持不失。4.忍陀羅尼，安住於法之實相，能持忍。

本品所明為咒陀羅尼，是佛菩薩依禪定力，發祕密言句，它有五種異名，除陀羅尼，尚有明、咒、密語、真言。《織田佛教大辭典》一一八二頁上及中云：「佛入定放光而說神咒，故名為明。」佛法傳入漢地之前，中國已有世間禁咒法，能發

神驗，除災患，佛教的陀羅尼亦有此功能，故名為咒。陀羅尼為凡夫二乘不能知故，名為密語。如來之言，真實不虛故，名為真言。

《法華經．陀羅尼品》則是藥王菩薩、勇施菩薩、天王、神王等，為了護持如法修持《法華經》者，各各說出陀羅尼神咒，此諸陀羅尼中，有三個原為恆河沙數諸佛所說。

「佛言：若善男子善女人，能於是經，乃至受持一四句偈，讀、誦、解義、如說修行，功德甚多。爾時藥王菩薩白佛言：世尊！我今當與說法者，陀羅尼咒，以守護之。」

此經文之前已說「供養八百萬億那由他恆河沙等諸佛」功德，尚不及「能受持法華經者，若讀、誦通利，若書寫經卷」，乃至僅於此經一偈四句，「受持、讀、誦、解義、如說修行」的功德。因此藥王菩薩為說《法華經》者，說了一咒，用來守護。（咒文共四十三句，從略，可參讀原經）

「世尊！是陀羅尼神咒，六十二億恆河沙等諸佛所說，若有侵毀此法師者，則為侵毀是諸佛已。」

經文表明，藥王菩薩所說守護法師的神咒，本為六十二億恆河沙等諸佛所說，藥王菩薩只是傳授，並非出於他自己的創作。吉藏大師《法華義疏》卷十二，對本經所見五個神咒，均附義譯。可知明咒真言，為了存其本來的梵音，故用音譯，但其並非沒有意義。與《妙法蓮華經》同本異譯的《正法華經》卷十，對此五個明咒，就是使用語義譯，謹錄藥王菩薩的四十三句咒文義譯如次：

「奇異、所思、意念、無意、永久、所行奉修、寂然、澹泊、志默、解脫、濟度、平等、無邪、安和、普平、滅盡、無盡、莫勝、玄默、澹然、總持、觀察、光耀、有所依倚恃怙於內、究竟清淨、無有坑坎、亦無高下、無有迴旋、所周旋處、其目清淨、等無所等、覺已越度、而察於法、合眾、無音、所說解明、而懷止足、盡除節限、宣暢音響、曉了眾聲、而了文字、無有窮盡、永無力勢、無所思念。」

梵音的咒文是可以解讀的，每句均有字義，若上下連貫，則未必理解其全文的內容主題何在，這就是諸佛菩薩的祕密所在，也可以說，陀羅尼的總持義，即在於一個神咒，總持不失。至於本品的另外四咒，如有興趣，可以查對《妙法蓮華經》及《正法華經》。

接著藥王菩薩說出如上文的陀羅尼之後，又有勇施菩薩說出另一神咒，原來亦為恆河沙等諸佛所說，能「擁護讀、誦、受持法華經者」得此陀羅尼，則夜叉、羅剎、富單那、吉遮、鳩槃荼、餓鬼等，均無能得便求其短者。

第三位是毘沙門天王護世者，說出神咒，為憫眾生，擁護法師。第四位是持國天王說出的神咒，原是四十二億諸佛所說，若有侵毀得此陀羅尼的法師者，等於侵毀了四十二億諸佛。

第五個神咒是羅剎女等說出，共有十女羅剎：藍婆、毘藍婆、曲齒、華齒、黑齒、多髮、無厭足、持瓔珞、睪帝、奪一切眾生精氣。除此十位羅剎女，尚有鬼子母與其諸子諸眷屬，也向世尊同聲白佛言「世尊！我等亦欲擁護讀、誦、受持法華經者，除其衰患」，而說了第五個陀羅尼神咒。寧願一切惡鬼，上彼女等頭，勿惱法師；對治的是羅剎、餓鬼、富單那、吉遮、毘陀羅、犍馱、烏摩勒伽、阿跋摩羅、夜叉吉遮、人吉遮、熱病等。

說出五個陀羅尼的是兩位菩薩，兩位是四天王天之中的東方持國天王 Dhṛta-rāṣṭra、北方毘沙門天王 Vaiśravaṇa，以及羅剎女、鬼子母等，都是接受了佛法，聞持了《法華經》而發願護法的聖眾、天眾、鬼神眾。

「佛告諸羅剎女：善哉！善哉！汝等但能擁護受持法華名者，福不可量，何況擁護具足受持，供養經卷。」

此段經文是說，但能擁護受持《法華經》的法師，福德不可限量，何況，擁護那些具足受持全部經典，並設「百千種」供品，「供養經卷」的人呢。

二七、妙莊嚴王本事品——修法華經，當得作佛

此品名為〈妙莊嚴王本事品〉，其實共有四位菩薩的本事：1.華德菩薩即是過去的妙莊嚴王。2.光照莊嚴相菩薩即是過去王夫人淨德。3.藥王及4.藥上二菩薩即是過去妙莊嚴王的二子淨藏及淨眼。

故事發生的時間，是在雲雷音宿王華智如來之世，淨藏及淨眼二子本來就是「久修菩薩所行之道」的「法王子」，母親淨德亦是信奉佛法者，唯父王信受外道的婆羅門法，深著邪見。二子以種種神變，感動其父，棄邪歸正，而成現在的華德菩薩。

此品中的藥王菩薩，已是第四度出現在《法華經》中，第一次在〈法師品〉，第二次在〈藥王菩薩本事品〉，第三次在〈陀羅尼品〉；華德菩薩也曾於〈妙音菩薩品〉中出現；而雲雷音宿王華智佛，正好與〈妙音菩薩品〉中，雲雷音王佛及淨華宿王智佛的兩尊佛名相加減的巧合，當然也不必認為是同一尊佛。

「爾時佛告諸大眾：乃往古世，過無量無邊不可思議阿僧祇劫，有佛名雲雷音宿王華智、多陀阿伽度、阿羅訶、三藐三佛陀，國名光明莊嚴，劫名憙見，彼佛法中，有王名妙莊嚴，其王夫人名曰淨德，有二子，一名淨藏，二名淨眼。」

這首段經文介紹了此品的四位主要人物，以及他們出現於何佛之時、國土何名。

「是二子有大神力，福德智慧，久修菩薩所行之道，所謂檀波羅蜜、尸羅波羅蜜、羼提波羅蜜、毘梨耶波羅蜜、禪波羅蜜、般若波羅蜜（即六波羅蜜）、方便波羅蜜，慈悲喜捨，乃至三十七品助道法，皆悉明了通達。」

淨藏及淨眼兩位王子，是久修菩薩道的菩薩行者，所修法門包括六波羅蜜、四梵行，乃至三十七道品，也就是所有一切菩薩應修、應行的法門，都已修行很久了。

六波羅蜜即是六度：布施、持戒、忍辱、精進、禪定、智慧。慈悲喜捨，為四梵行。三十七品助道法，共有三十七項，分作七類，依序為四念處、四正勤、四如意足、五根、五力、七覺支、八正道，是修持解脫道的根本法門，菩薩法若無解脫法的基礎，就可能僅有菩薩道之虛名而無菩薩行之實質。

「爾時彼佛，欲引導妙莊嚴王，及愍念眾生故，說是法華經。時淨藏、淨眼二子，到其母所，合十指爪掌，白言：願母往詣雲雷音宿王華智佛所，我等亦當侍從親近，供養、禮拜。所以者何？此佛於一切天人眾中說法華經，宜應聽受。」

這段經文是說，雲雷音宿王華智佛，為了引導妙莊嚴王信奉佛法，並且悲憫一切眾生，而說《法華經》。淨藏、淨眼則赴其母處，請母同赴法筵。

「母告子言：汝父信受外道，深著婆羅門法，汝等應往白父，與共俱去。淨藏淨眼合十指爪掌，白母：我等是法王子，而生此邪見家。母告子言：汝等當憂念汝父，為現神變，若得見者，心必清淨，或聽我等，往至佛所。於是二子念其父故，涌在虛空，高七多羅樹，現種種神變。」

這段經文在母子三人的對話中，說明妙莊嚴王是邪見婆羅門的信徒。母勸其子當念父，為現神變，使得其父見到神變，生起清淨的信心，便可全家同往佛所聽聞《法華經》了。此二王子便受母教，上涌虛空，高七多羅樹，現種種神變。

此處的「七多羅樹」究有多高？《玄應音義》卷二有云：「多羅（Tāla），案西域記云：其樹形如椶櫚，極高者七、八十尺，果熟則赤，如大石榴，人多食之，東印度界，其樹最多。」七多羅樹的高度，正好可用肉眼看得清楚的空中。

本品的神變共舉出十四種：

「於虛空中，行、住、坐、臥，身上出水、身下出火，身下出水、身上出火，或現大身滿虛空中，而復現小，小復現大，於空中滅忽然在地，入地如水，履水如地，現如是等種種神變，令其父王心淨信解。」

此段經文舉出十四神變，另於經律中常見的有十八神變，即是加上了右脇出水、左脇出火、左脇出水、右脇出火。此種神變，屬於六神通之中的神足通。神變其實有三大類：1.說法神變，如來以無礙之大智，為諸眾生說法，應知善惡業因及善惡果報。2.教誡神變，如來對諸弟子教誡：是法應作，是法不應作，是道得聲聞乘，是道得緣覺乘，是道得菩薩乘。3.神通神變，如來及諸聖者，為了調伏憍慢眾生而現種種神通。此處二位王子的十四種神變，應屬於第三類。在阿含部及律部中記載了許多阿羅漢，為了調伏憍慢的人，現十八神變，故未必要到成佛之後始有神變的能力。

「時父見子神力如是，心大歡喜，得未曾有，合掌向子言：汝等師為是誰？」「我今亦欲見汝等師，可共俱往。」

一般凡夫，不論有多憍慢，見到神變的威力，便會生起信服的心來；這是在不得已時的一種方便，在尋常狀況下，就是世尊也不會輕易使用神變。

「於是二子白父母言：善哉！父母，願時往詣雲雷音宿王華智佛所，親近供養，所以者何？佛難得值，如優曇鉢羅華，又如一眼之龜值浮木孔，而我等宿福深厚，生值佛法，是故父母，當聽我等，令得出家。」

此段經文是說，妙莊嚴王願意同往佛所聽法，二位王子即向父母提出「佛難得值」遇，如盲龜值浮木孔，此喻已在前面講過；也像優曇鉢羅華（udumbara），三千年方一現；現在金輪王出世亦是那樣的難得，所以要求讓他二人隨佛出家。其實，淨眼菩薩已久通達「法華三昧」，淨藏菩薩已於無量百千萬億劫，通達「離諸惡趣三昧」，其母已「得諸佛集三昧」，此時也使妙莊嚴王後宮八萬四千人，「皆悉堪任受持是法華經」。

「於是妙莊嚴王，與群臣眷屬俱，淨德夫人與後宮婇女眷屬俱，其王二子，與四萬二千人俱，一時共詣佛所。」「爾時彼佛為王說法，示教利喜，王大歡悅。爾時妙莊嚴王及其夫人，解頸真珠瓔珞，價值百千，以散佛上。」「時雲雷音宿王華智佛，告四眾言：汝等見是妙莊嚴王，於我前合掌立不？此王於我法中作比丘，精勤修習，助佛道法，當得作佛，號娑羅樹王，國名大光，劫名大高王。」「其王即時以國付弟，與夫人二子，并諸眷屬，於佛法中，出家修道，王出家已，於八萬四千歲，常勤精進，修行妙法華經。」

妙莊嚴王既歸信佛法，並也允許二子出家，便與群臣及其眷屬、夫人及其後宮婇女眷屬、二位王子及其相隨的人員，一齊到了雲雷音宿王華智佛前，聞法、供養之後，雲雷音宿王華智佛便向四眾宣告，此王應於彼佛法中出家修道，並予授記「當得作佛」。妙莊嚴王隨即以國家的王位付託於弟，全家四人及其眷屬等，都隨彼佛出家。後歷八萬四千歲，精進修行此《法華經》。此時妙莊嚴王已知二子是善知識，為發起王之宿世善根而生其家，以神變轉其邪心。

「爾時雲雷音宿王華智佛，告妙莊嚴王言：『……大王！汝見此二子不？此二子已曾供養六十五百千萬億那由他恆河沙諸佛，親近恭敬，於諸佛所，受持法華經，愍念邪見眾生，令住正見。』」

這段經文是說，雲雷音宿王華智佛告知妙莊嚴王，他的兩位王子淨藏與淨眼，曾於過去，供養了六十五百千萬億那由他恆河沙數諸佛，親近諸佛、恭敬諸佛，於彼諸佛座前聽聞受持了《法華經》。他們兩位菩薩為什麼要這樣修行呢？就是為了慈愍邪見如妙莊嚴王那般信奉外道的眾生，使之住於佛法的正見。

《法華經》中常常以兩個名詞連用，來形容數目之龐大，即是「那由他恆河沙」。恆河是印度主要河流，源遠流長，河中之沙極小極細，即使一握之量，已難數清，何況整條河流的全部沙數，何況是無量百千萬億的恆河沙數。其實凡有物質，就有數量，只是無法以人類的知識數得出來。

至於「那由他」，梵語 nayuta 是個大數，譯作「億」，但是漢地諸家解釋，頗有不同，略有十萬、百萬、千萬的三等，《佛本行集經》卷十二云：「那由他，隋數千億。」該經由隋代闍那崛多譯成漢文，故即以「隋」代表中國。

妙莊嚴王因而讚歎佛已，「復白佛言：世尊！未曾有也，如來之法，具足成就不可思議微妙功德，教誡所行，安隱快善。我從今日，不復自隨心行，不生邪見、憍慢、瞋恚、諸惡之心。說是語已，禮佛而出。」

妙莊嚴王聽了雲雷音宿王華智佛的告知，他的兩位王子，不是普通人，而是已經親近供養了無量無數諸佛，並在彼諸佛所受持了《法華經》的菩薩，是為慈愍邪見眾生，令住正法，而生於其家。所以使王覺悟到佛法成就了如此不可思議功德，從今日之後，他不會再生邪見、憍慢等諸種惡心了。說畢他便禮佛而退。

本品三次提及「邪見」，一次提及「邪心」，都是指的妙莊嚴王原來信受的外道婆羅門法。《法華經．方便品》的解釋是「入邪見稠林，若有若無等，依止此諸見，具足六十二」。也就是說，當時的印度，以著有著無為中心，共有六十二種，稱為六十二見，都是邪見。

《長阿含經》卷十四之〈梵動經〉有云：「諸有沙門、婆羅門，於本劫本見、末劫末見，種種無數，隨意所說，……盡入十八見中。」「諸有沙門、婆羅門，於末劫末見，無數種種，隨意所說，彼盡入四十四見中。」十八見加四十四見，即是六十二見。其所謂本劫是過去時，本見是於彼之過去起常見；其所謂末劫是未來時，末見是於未來世起斷見。

本劫本見的十八種，是四種常論，四種亦常亦無常論，四種邊無邊論，另四為種種論，以及兩種無因而有論；末劫末見的四十四種，是有想論十六種，無想論八種，非有想非無想論八種，斷滅論七種，現在泥洹論五種。

為何沙門、婆羅門著有著無，執常執斷？因為沙門是當時外道之中有出家的教團，稱為沙門團，及婆羅門教的修道者們，都會有人具有若深若淺的宗教經驗，有的是從禪定中能見過去世及未來世中事，有的則是本從天上下生人間，尚能憶及過去世、見及未來世，這就出現了本劫本見、末劫末見的執著。

對於過去曾經存在，是神通記憶，歷歷在目，故易起本來永恆的常見；若著重未來，因為尚未發生，不能見到什麼，故易起斷見。這都是以梵名薩迦耶見（satkāya-dṛṣṭi）的身見為主，而起我及我所見，推及過去的我及我所、推及未來的我及我所，便衍生出六十二見。均為根本煩惱「惡見——不正見」的延伸，總名之為邪見。

「佛告大眾：於意云何？妙莊嚴王豈異人乎？今華德菩薩是；其淨德夫人，今佛前光照莊嚴相菩薩是，哀愍妙莊嚴王及諸眷屬故，於彼中生；其二子者，今藥王菩薩、藥上菩薩是，是藥王、藥上菩薩，成就如此諸大功德，……若有人，識是二菩薩名字者，一切世間諸天人民，亦應禮拜。」

這是此品經文的總結，釋迦世尊告知靈山法華會上的一切大眾：大家知道嗎？本品的主人翁妙莊嚴王，不是別人，正是現在世尊座前的華德菩薩。當時的淨德夫人，就是如今世尊座前的光照莊嚴相菩薩，為了哀憫妙莊嚴王墮於邪見，以及救度相關的眷屬群，所以生在彼王國中，做為國王的夫人。當時的兩位王子淨藏及淨眼，即是現在佛前的藥王及藥上兩位菩薩；他們有大功德，若有人識得此二菩薩之名者，世間的一切諸天人民，也都應該禮拜此人。

本品之中，六度提及演說《法華經》及聞持《法華經》，一度提及通達法華三昧，故其內容雖在介紹妙莊嚴王本事，而其宗旨仍在於鼓勵讚歎流通此《妙法蓮華經》的功德。

二八、普賢菩薩勸發品——後五百歲，乘象來護

這是《法華經》的最後一品。是本、迹二門正宗分與流通分的終結，也就是全經的總流通分。由他方來的與會大眾，各歸本國之時，普賢菩薩率領他的大眾，自東方寶威德上王佛國，來到耆闍崛山，請問若於未來末世，如何能得《法華經》，而且表示以其「神通力故，守護是經，於如來滅後，閻浮提內，廣令流布，使不斷絕」。

學界向來都以《法華經》整體共有三經，在佛說《法華經》之前，先說《無量義經》一卷（蕭齊曇摩伽陀耶舍譯），稱為「開經」；於《法華經》的序品也說到世尊「為諸菩薩說大乘經，名無量義，教菩薩法」。又於說完《法華經》之後，另說《佛說觀普賢菩薩行法經》一卷（劉宋曇無蜜多譯），稱為「結經」，因《法華經》的末品便是〈普賢菩薩勸發品〉。

不過在《佛說觀普賢菩薩行法經》中有云：「普賢菩薩乃生東方淨妙國土，其

國土相，法華經中已廣分別。」所云東方淨妙國土，當即《法華經》所說「東方寶威德上王佛國」的形容；唯於該經勸修的是「方等大乘經典」，並未刻意指明受持讀誦《法華經》。

普賢菩薩的梵文 Samantabhadra，又名 Viśvabhadra，也有譯為遍吉。釋迦、文殊、普賢，稱為「華嚴三聖」，釋迦的左脇侍為騎獅的文殊，代表智慧，右脇侍為騎象的普賢，代表行德。一切諸佛具足理德、定德、行德。這兩大菩薩則以理智一雙、行證一雙、三昧般若一雙，與釋迦相配；此理與智相即、行與證相即、三昧與般若相即，便是毘盧舍那（Vairocana）的法身佛。《法華經》即以此一佛二菩薩，表徵諸佛法身的功德。

在《法華經》中，從最初的〈序品〉開始，即以文殊師利（Mañju-śrī）為諸菩薩眾的第一位，列席於法華勝會，到〈提婆達多品〉及〈安樂行品〉，則以文殊菩薩為請法之主。至於普賢菩薩，大會將終才到會場。這倒頗似這兩位菩薩在《華嚴經》中善財童子五十三參所見善知識的模式，那是由於文殊菩薩的指導，善財初訪德雲比丘等，五十二位後回到文殊菩薩處，最後一位才訪普賢菩薩。這正表示著，從事佛道的修學者，當以文殊的智慧為導向，以種種法門為學習的過程，以無盡的普賢大行為菩薩道的實踐。

下面是本品經文的摘要解釋。

「爾時普賢菩薩，以自在神通力，威德名聞，與大菩薩無量無邊，不可稱數，從東方來。」「到娑婆世界耆闍崛山中，頭面禮釋迦牟尼佛，右繞七匝，白佛言：世尊！我於寶威德上王佛國，遙聞此娑婆世界，說法華經，與無量無邊百千萬億諸菩薩眾，共來聽受，唯願世尊，當為說之。若善男子、善女人，於如來滅後，云何能得是法華經？」

這段經文是說，普賢菩薩在此界東方的寶威德上王佛的國土中，以其自在神通力，遙聞此娑婆世界的釋迦世尊說《法華經》，故以他的威德名聞，率領了無量無邊的諸菩薩眾及無數天龍八部護法神王，同到耆闍崛山的世尊座前，聽受《法華經》。並且為了慈憫末世眾生，請示世尊：於如來滅後，如何能夠得聞受持《法華經》？

「佛告普賢菩薩：若善男子、善女人，成就四法，於如來滅後，當得是法華經。一者為諸佛護念，二者殖眾德本，三者入正定聚，四者發救一切眾生之心。」

此段經文是說，若於如來滅度後，有人欲求得聞受持這部《法華經》，應當具備四個條件：

（一）「一者諸佛護念」：《法華義疏》卷十二云：「外為諸佛護念，護令惡不侵，念令善根成就。」太虛大師《法華經講演錄》云：「心所信願者，口所稱道者，身所奉行者，耳目所思察者，志意所悕求者，功業所傾向者，一一皆為佛之智慧，佛之功德，佛之知見；既在在處處知隨順於佛法，斯能為諸佛之所護念。」

（二）「二者殖眾德本」：《法華義疏》卷十二云：「內殖德本，明初發一念不二正觀，為眾善之本，以得此觀行與佛應故，為佛護念。」太虛大師則說，修習大乘經典，承事大乘法師，精修波羅蜜，廣行菩薩道，為植眾德本。

（三）「三者入正定聚」：依據《俱舍論》卷十有云：「正邪不定聚，聖造無間餘。」是說三聚之中的正定聚是指小乘預流向，即初果向以上的聖者；邪定聚是指造五種無間地獄罪的人；不定聚是居於正定聚與邪定聚之間的人，修行七方便的階段者，若遇善緣即入正定聚，若遇惡緣便墮邪定聚。

大乘佛法對三聚則另有解釋，《大智度論》卷八十四云：「能破顛倒者名正定，必不能破顛倒者是邪定，得因緣能破不得則不能破是名不定。」吉藏大師的《法華義疏》卷十二云：「聚有三種，一者邪定聚，謂必入地獄；二者正定聚，必得解脫；三者二楹中間名不定聚。約位明者舊云，內凡夫性種菩薩，得生空解，名為定聚；今謂十信第六心，稱不退信，亦得名為入定聚。」也就是說，菩薩修行至十信的第六心「不退信」位，便入正定聚。

（四）「四者發救一切眾生之心」：《法華義疏》卷十二，引用《金剛般若論》的四種心，解釋此處的第四個條件：「一廣大心，遍度眾生故；二第一心，與眾生大涅槃樂故；三常心，常不離是心故；四不顛倒心，知眾生本來常寂滅故。」太虛大師的解釋則是：「當起大悲及諸方便，本憐愍心，發宏誓願，荷擔如來，教化眾生，說一切法，救一切苦。」

不過吉藏的《義疏》所見，是將「四法」體系化了，他接下來說：「佛答四法次第者，初一為外緣，次一為內因，謂因緣一雙；次一明位，後一明行，謂行位一雙。」

如果簡要釋此四法，則為：

（一）「佛所護念」：所修功德已與諸佛的法身相應，是以經常受到諸佛護念。

（二）「植眾德本」：已修種種加行方便，善根深植，不動不搖，是信心不退。

（三）「入正定聚」：小乘初果向，大乘別教的十迴向位，《楞嚴經》說，以大悲心救護一切眾生，謂之迴向。《梵網經．心地品》稱為十金剛心向果，並云：「從是十金剛心，入堅聖忍中。」過此以上便入初地，得無生法忍。

（四）「發救一切眾生之心」：就是《法華經》中處處說的無量無數眾生「皆發阿耨多羅三藐三菩提心」，而且是「皆於阿耨多羅三藐三菩提不退轉者」。

以如此的解釋，可明「得法華經」的意思，不僅是得到一部文字記錄的經文，而且得到修持《法華經》的因行及果德，宜在決定獲得無生法忍的程度，至少當在信不退位之上，方算「得法華經」也。這是勉勵如來滅度之後，只要用功修習，還是能得。

「爾時普賢菩薩白佛言：世尊！於後五百歲，濁惡世中，其有受持是經典者，我當守護，除其衰患，令得安隱，使無伺求，得其便者。」「是人若行若立，讀、誦此經，我爾時乘六牙白象王，與大菩薩眾，俱詣其所，而自現身。」「是人若坐，思惟此經，爾時我復乘白象王，現其人前。其人若於法華經，有所忘失一句一偈，我當教之，與共讀、誦，還令通利。」

這段經文在勉勵如來滅後的後五百歲，於五濁惡世之中，若有人受持《法華經》，普賢菩薩定當守護此人，使得一切的凶神惡鬼，都無機可乘，平安無事。假如有人，不論是站立著或在經行中，讀《法華經》或者誦《法華經》，普賢菩薩會乘著有六支牙的白象王，帶著無數的菩薩同來現身於此人之前。如果有人是坐著深思默想此經，普賢菩薩也會乘白象王，現身於此人之前；若此人忘失了此經的經文，乃至只有一句一偈，普賢菩薩也會教他，並跟此人一同讀誦，使其通達流利。

此中的「後五百歲」，又稱後五百年，與正、像、末法的三期說有關。在《法華經》中，佛為諸弟子授記，都說正法十多二十劫，像法十多二十劫，未說末法有多久，末法一詞也僅用一次，所以如來滅度後的後五百歲，是何時段，不易由《法華經》得到答案。

若依《大集月藏經》卷九，有五個五百年之說：第一五百年解脫堅固，第二五百年禪定堅固，第三五百年讀誦多聞堅固，第四五百年多造塔寺堅固，第五個五百年鬪爭堅固，三學廢弛，邪見增長。若依此推論，佛滅後第二千零一年起到二千五百年止，便是後五百歲，如今已經超過數十年了。

窺基大師的《妙法蓮華經玄贊》卷五釋〈譬喻品〉的舍利弗於未來作佛時的正法像法各三十二小劫之經文，有這樣的說明：「若佛正法，教行證三，皆具足有；若佛像法，唯有教行，無證果者；若佛末法，唯有教在，行證並無。稟教行，行證果，不同故。釋迦佛，正法短、像法長，不度女人，正法像法各一千年，由度女人正法減半故。」（《大正藏》三十四冊，七四三中）窺基大師也未說釋迦佛的末法有多久，若以《法華經》的文義看，過了正像二法，便是末法時代，並無年限，可能以末法的最後五百年為後五百歲。

「若後世，後五百歲，濁惡世中，比丘、比丘尼、優婆塞、優婆夷、求索者、受持者、讀誦者、書寫者，欲修習是法華經，於三七日中，應一心精進，滿三七日已，我當乘六牙白象，與無量菩薩而自圍繞，以一切眾生所憙見身，現其人前，而為說法，示教利喜。」

這段經文，可以接著前一段講，是說明如何修習《法華經》的方法。前段經文的「若行若立」、「若坐思惟」，此段經文的「求索、受持、讀誦、書寫」，並於二十一日之中「一心精進」，其實就是法華三昧的修行方法，把時段做適當的分配，集中在為期三七日的專一修持，主要是反覆讀誦。智者大師修得法華三昧，也是在讀誦之際發生。普賢菩薩再三勉勵，末世眾生不用失望，但能如其所說，修習《法華經》，便得普賢菩薩親自現身在此人前，如以三七日為期圓滿，得見無量菩薩圍繞一切眾生喜見身的普賢菩薩，說法開示、教化，使得法喜之利。

「亦復與其陀羅尼咒，得是陀羅尼故，無有非人能破壞者，亦不為女人之所惑亂，我身亦自常護是人。」（咒文共二十句從略）

接下的經文有三種陀羅尼，《法華文句》以旋陀羅尼為旋假入空，百千旋陀羅尼為旋空出假，法音方便陀羅尼為非假非空、即假即空的中道。

在前面的陀羅尼品，由兩位菩薩、兩位天王、羅剎女及鬼子母等說出陀羅尼咒，擁護受持修習《法華經》者，並未見他們承諾現身於其人前。普賢菩薩則除了承諾現身其人之前，同時也說出了一個陀羅尼神咒，使得邪魔鬼怪不能破壞正在修習的人，也能不受女人的惑亂。為何不說男人惑亂女人？這是由於男人的生理，容易見到異性即起性衝動，女人比較不易。

「若法華經行閻浮提，有受持者，應作此念：皆是普賢威神之力。若有受持、讀誦、正憶念、解其義趣，如說修行，當知是人，行普賢行，……若但書寫，是人命終，當生忉利天上，……若有人受持、讀、誦、解其義趣，是人命終，為千佛授手，令不恐怖，不墮惡趣，即往兜率天上彌勒菩薩所，彌勒菩薩有三十二相，大菩薩眾，所共圍繞。」

這段經文是說，在此娑婆世界南贍部洲尚有《法華經》流通，且有人受持的話，應該想到這都是由於普賢菩薩的威神之力。若有人受持、讀、誦、憶持、繫念、理解經義所在，便是修的普賢之行。若是僅僅書寫《法華經》的功德，此人命終，即生忉利天上，享受天福，「八萬四千天女，作眾伎樂」來迎。若有人受持、讀、誦、解義，命終生兜率內院的彌勒菩薩處。彌勒菩薩是此娑婆世界補處的當來佛，故已具三十二大人相，且有大菩薩眾圍繞著他。

若再看到前面〈藥王菩薩本事品〉，曾經提到「若如來滅後，後五百歲中，若有女人，聞是經典，如說修行，於此命終，即往安樂世界，阿彌陀佛、大菩薩眾，圍繞住處，生蓮華中，寶座之上。」而到此〈普賢勸發品〉中，則是鼓勵行者，「在千佛授手」的情況下，往生此界上方的兜率內院彌勒菩薩處。可知《法華經》對於彌陀淨土及彌勒淨土是同等看待的。

不過〈藥王菩薩本事品〉是因有女人願除女身，故生於沒有女性的安樂世界，〈普賢菩薩勸發品〉中，有人不厭女人，故生兜率內院，經文接著說：「有百千萬億天女眷屬，而於中生。」這也可能是勸生兩種淨土的考量。在《法華經》中所見的佛國淨土，有些有女人，如〈妙莊嚴王本事品〉中雲雷音宿王華智佛的光明莊嚴國；有的沒有女人，如〈藥王菩薩本事品〉的日月淨明德佛國。

「釋迦牟尼佛讚言：善哉！善哉！普賢，汝能護助是經，令多所眾生，安樂利益。」「普賢，若有受持、讀、誦、正憶念、修習、書寫是法華經者，當知是人，則見釋迦牟尼佛，如從佛口聞此經典。」「當知是人，為釋迦牟尼佛手摩其頭；當知是人，為釋迦牟尼佛衣之所覆。」

這段經文，是在普賢菩薩說完將護持末世修習《法華經》的人之後，釋迦如來給予讚歎，並為加強末世弘經者的信心，故說，除了有普賢菩薩護持，也會受到釋迦如來自己的加持護念，若有人於任何時期能受持、讀、誦、正憶念、修習、書寫《法華經》，此人便等於是見到了釋迦佛，從佛口中聞此經，佛摩此人頭，佛用衣覆此人身。

「如來滅後，後五百歲，若有人，見受持、讀、誦法華經者，應作是念：此人不久，當詣道場，破諸魔眾，得阿耨多羅三藐三菩提，轉法輪、擊法鼓、吹法螺、雨法雨，當坐天人大眾中，師子法座上。」「若見受持是經典者，當起遠迎，當如敬佛。」

這段經文是釋迦佛說的，如你見到有誰受持、讀、誦《法華經》，當起隨順歡喜心而作如此想：「此人不久當到菩提樹下坐、降魔、成道、轉法輪，為人天師。」接著又於經文中說：「受持、讀、誦是經典者，是人不復貪著衣服、臥具、飲食、資生之物，所願不虛，亦於現世得其福報。」若有輕毀修習《法華經》者，罪報亦重，世世殘障多諸惡病、重病。是以若見有人受持《法華經》，應當起立遠迎，應當尊敬如佛。

國家圖書館出版品預行編目資料

絕妙說法：法華經講要 / 聖嚴法師著. -- 三版.
-- 臺北市 ： 法鼓文化, 2021. 01
面； 公分
ISBN 978-957-598-876-0（平裝）

1. 法華部

221.5　　109017648

現代經典 6

絕妙說法——法華經講要

The Exquisite Dharma: Commentary on Lotus Sutra

著者　聖嚴法師
出版　法鼓文化
總審訂　釋果毅
總監　釋果賢
總編輯　陳重光
編輯　詹忠謀、李書儀
封面設計　謝佳穎
內頁美編　小工
地址　臺北市北投區公館路一八六號五樓
電話　(02)2893-4646
傳真　(02)2896-0731
網址　http://www.ddc.com.tw
E-mail　market@ddc.com.tw
讀者服務專線　(02)2896-1600
初版一刷　二〇〇一年一月
三版三刷　二〇二四年二月
建議售價　新臺幣四二〇元
郵撥帳號　50013371
戶名　財團法人法鼓山文教基金會 — 法鼓文化
北美經銷處　紐約東初禪寺
Chan Meditation Center (New York, USA)
Tel: (718) 592-6593　E-mail: chancenter@gmail.com

法鼓文化